Wolfgang Krinninger

Zwischen Gras und Wolken

Geschichten vom täglichen Glück

Wolfgang Krinninger

Godlneiberg, 11. 1. 2021

Inhalt

Das gusseiserne Gestell einer uralten Singer-Nähmaschine bildet das Gerüst. Darauf festgeschraubt ist eine einfache, drei Zentimeter dicke Fichtenholzplatte. Mein Schreibtisch. Rechterhand züngeln die Flammen im Fenster der Einheize des Kachelofens. Bis auf ein paar Wochen im Hochsommer geht das Feuer abends nie aus – die Nächte können kühl sein bei uns im Bayerischen Wald, hier oben auf 700 Meter Höhe, wo sich Hase und Fuchs Gute Nacht sagen. Wende ich den Kopf noch ein wenig weiter nach rechts, fällt der Blick auf Klavier, Harfe, Gitarre und meist wild verstreute Notenblätter – „Spielplatz" für die Seelen unserer Kinder. In meinem Rücken: die stets offene Tür zur Küche. Kulinarischer Mittelpunkt, und der Ort, an dem Gespräche manchmal urplötzlich tiefgründeln.

Mein winziger Schreibtisch in der Mitte unseres Hauses. Hier komme ich abends zur Ruhe, lausche ich in mich selbst hinein: War da ein Ereignis, das dem Tag eine ungewöhnliche Wendung gab? Wem bin ich begegnet? Wer ließ mich lächeln? Wer half mir, die Welt ein wenig besser zu verstehen? Schenkte mir die kleine Flucht am Feierabend mit dem Mountainbike oder dem Motorrad noch ein Gipfelerlebnis, bei dem die Seele einen Hüpfer machte?

Nein, es muss nichts Großes sein. Aber jeder Tag ist für eine kleine Überraschung gut. Nur die Chance dazu, die muss man dem Tag schon geben.

Das Leben meinte es häufig verdammt gut mit mir. Ich durfte faszinierende Menschen kennenlernen, kenne Krieg nur aus Erzählungen der Alten, lebe auf einem herrlichen Flecken Erde, hörte den ersten Schrei unserer Kinder und heulte vor Freude. Das ist unfassbares Glück. Und daran möchte ich Sie auf den folgenden Seiten ein wenig teilhaben lassen. An wunderbaren, schönen und manchmal auch traurigen Augenblicken zwischen Gras und Wolken, wo man vor lauter Staunen ganz klein wird, weil man einen Blick in Höhen erhascht, wo nichts den Horizont begrenzt.

Ihr
Wolfgang Krinninger

Erdiges Glück

Geschichten von Haus und Hof

Asta musste niemand etwas befehlen. Auch ein erhobener Zeigefinger war nicht notwendig.

Frauchen und Herrchen unterhielten sich einfach mit ihr. Und sie reagierte. Sie trippelte zur Tür der Stube, betätigte mit der Pfote die Klinke und ließ die Katze herein, wenn es notwendig war. Sie trug Einkaufstüten, beschützte die Hühner, weckte mit kleinen Stupsern das Frauchen, wenn es abends beim Lesen im bequemen Sessel eingeschlafen war. Asta war eine korpulente Mischlingshündin. Sie kam als Welpe zu dem älteren Ehepaar und wurde gemeinsam mit ihm alt und älter. Die drei bewohnten ein winziges Häuschen in der Einsamkeit des Bayerischen Waldes. Stube, Speisekammer, Schlafzimmer, Stall und Stadel.

Sie waren von morgens bis abends beisammen. Sie aßen gemeinsam, schliefen in einem Zimmer, gingen miteinander spazieren. Wenn es etwas zu feiern gab, freute sich auch der Hund, wenn einer traurig war, lag sein Kopf auf dessen Knie, und in seinen Augen lag der Trost von tausend Jahren. Ich weiß nicht mehr, wer von den dreien als erster gestorben ist, aber ich bin sicher, dass sie kurz hintereinander gingen, weil keiner ohne den anderen auf Dauer hätte sein können.

30 Jahre später. Wir sind selber wieder auf den Hund gekommen. Dackeldame Rocca lebt seit sechs

Jahren bei uns. Ähnlich wie bei Asta verheißt auch ihr Blick Nibelungentreue bis ans Ende der Tage. Sie beherrscht das gesamte Einmaleins des Gehorsams perfekt, hat die Jägerprüfung mit Bravour bestanden. Schön und reizend wie sie ist, füllt sie allein mehrere Fotoalben. Und wenn sie sich auf den Rücken fallen lässt und alle vier Beinchen von sich streckt, kann kein gewöhnlicher Mensch dem Kraulreflex widerstehen und schließt sie sofort ins Herz. Nur: Wenn es der Dackeldame gerade nicht passt, verschlingt sie die Hand, die sich ihr entgegenstreckt. Wenn im Umkreis von 300 Kilometern auch nur ein einziges Wildtier versteckt ist, schert sie sich nicht die Bohne um irgendwelche Anweisungen von Frauchen oder Herrchen. Und die Zeiten sind noch nicht lange vorbei, als sie im Übereifer das gesamte Mobiliar in erreichbarer Höhe zerlegte. Und dann kam jener Nachmittag um Weihnachten.

Der Hund und ich waren allein zu Hause. Ich beschloss, meine Schwester zu besuchen.

Hundehalter kennen diesen Blick: Eine Mischung aus Verbitterung und purer Verachtung. Aber ich ließ mich nicht erweichen. Der Dackel blieb daheim. Meine Schwester und ich ratschten, lachten, tranken Kaffee. Irgendwann klingelte das Telefon bei ihr. Sie ging ran, Stille. Sie wirkte verwirrt, als sie mir den Hörer in die Hand drückte: „Das ist eure Nummer auf dem Display." Jetzt war ich es, der mit einem fragilen Gesichtsausdruck „Hallo!" sagte.

Die Reaktion am anderen Ende der Leitung war keineswegs dazu angetan, die Situation in eine plausible Bahn zu lenken: „Wuff, wuff, wuff!" Mir fiel nichts Besseres ein, als erneut „Hallo" zu sagen, mit einem sehr langem „o" und ganz vielen Fragezeichen im Hirn. Die Reaktion blieb dieselbe: „Wuff, wuff, wuff!" Ich legte auf und schaute vermutlich in dem Moment drein, als hätte mich im selben Moment ein Blitz getroffen und mir ein Außerirdischer eine Watschen verpasst.

Und wissen Sie was? Ich habe noch immer keinen Schimmer, wie es dem Hund gelungen war, mit mir zu telefonieren. Geschweige denn, was er eigentlich von mir wollte. Meine Nachforschungen verliefen im Sande. Es bleibt ein Geheimnis. Aber ich gehe nun davon aus, dass dieser völlig unberechenbare Dackel sogar noch fähiger als die selige Asta ist. Bleibt die bange Frage: Was kommt als nächstes?

Als die „Fremden" kamen, räumten meine Eltern manchmal sogar ihr Schlafzimmer. Das war nicht so ungewöhnlich damals in den 70er-Jahren, als der Tourismus noch Fremdenverkehr hieß. Ein zartes Nebenerwerbspflänzchen mehr für die knappen Haushaltskassen einiger Höfe im Unteren Bayerischen Wald. „Urlaub auf dem Bauernhof" lautete das Zauberwort. Familienanschluss und Vollpension inklusive. Vor allem in den Sommermonaten und um Weihnachten war unsere Stube voll mit unterschiedlichsten Leuten: von der Keramiker-Auszubildenden bis zum Theologiestudenten, vom trinkfesten Skatspieler bis zum asketischen Wandersmann, von der Ärztin, die die größte Freude daran hatte, bei der Heuernte zu schwitzen, bis zum Rentner, der noch einmal die alte Heimat sehen wollte. Und mittendrin meine Mutter, die von morgens bis abends rackerte und nichts unversucht ließ, allen ein offenes Ohr und für die Dauer des Aufenthalts ein Stück Heimat zu schenken. Den meisten hat es gefallen, sie kamen immer wieder; manche wurden zu Freunden.

Für uns Kinder – zumindest diejenigen, die noch zu klein waren, um mithelfen zu müssen – war es das Paradies: Wir machten mit gleichaltrigen Spielkameraden die Gegend unsicher, prahlten mit unseren Bulldog-Fahrkünsten, lauschten interessanten Geschichten und hatten relativ schnell auch heraus, wie man unangenehmen Zeitgenossen aus dem Weg geht. Von ersten zarten Banden, die im Teeniealter zwischen Urlaubermädchen und Bayerwaldbuben geknüpft wurden, ganz zu schweigen. Vermutlich lag es an der Abhärtung durch den Gästebetrieb, dass meine Eltern später klaglos ertrugen, dass sich in unserem Haus oft die Jugend der ganzen Region traf. Reden, lachen, am Lagerfeuer träumen, an Motorrädern basteln, Musik hören, Bier trinken, in die Sterne schauen. Bis zum Morgengrauen, wenn schließlich die Melkmaschine und der Gesang der Vögel den Beginn eines neuen Tages ankündigten. Schön war das.

Von den einstigen Urlauberhöfen sind nicht viele übriggeblieben. Die Vorstellungen der Gäste haben sich grundlegend verändert. Von jungen, unbekümmerten Couchsurfern abgesehen, würde heute kein Mensch mehr in einem umfunktionierten Elternschlafzimmer übernachten wollen. Auch wir haben die Gästezimmer längst aufgegeben. Geblieben sind die offenen Türen, das offene Haus. Es vergeht fast kein Wochenende, an dem nicht eines der Kinder mit Freunden am Lagerfeuer sitzt. Gastschüler aus vielen Ecken der Welt lernen bei uns das Landleben kennen. Der Tisch im Esszimmer kann oft nicht groß genug sein. „Die Gastfreundschaft vergesst nicht; denn durch sie haben einige, ohne es zu ahnen, Engel beherbergt"

(Hebr 13,2), heißt es in der Bibel. Und selbst wenn es nicht immer Engel sind, die man beherbergt, ist die Gastfreundschaft vor allem auch für den Gastgeber ein Geschenk. Gäste bringen Frische, bringen Leben ins Haus. Sie helfen, damit wir nicht in Gewohnheit erschlaffen und mit neuen Sichtweisen weiter wachsen. Und sie ermöglichen uns, sie zu überraschen, ihnen eine Freude zu machen. Kurz: Gäste machen den Alltag reicher. Nur mein Schlafzimmer, das möchte ich nicht hergeben.

Meistens wusste ich nicht einmal, wie sie heißen. Sieglinde, Linda, Selma, Satina – völlig egal. Ich hasste sie. Da konnten andere noch so sehr von ihrer Form, ihrer Haut, ihren inneren Werten schwärmen. Ich bekam eine Gänsehaut, wenn ich mir vorstellte, ich müsste sie anfassen. Tat ich es dann doch, weil ich musste, trug ich Handschuhe und wusch mir alle halbe Stunde angeekelt die Hände. Selbst als sie am Ende im Keller lagen, hatte ich kein Mitleid. Sollten sie in diesem Loch ruhig verschrumpeln und Wurzeln schlagen, ich fasste sie nicht mehr an. Meine Mutter war da anders. Sie mochte sie alle. Sie holte aus Sieglinde und ihren Freundinnen alles heraus. Seitdem weiß ich: Nur eine gare Kartoffel ist eine gute Kartoffel.

Vergangenheitsschwärmer werden jetzt mahnend mit dem Zeigefinger fuchteln. Es war doch so schön: Der Zusammenhalt unter den Nachbarn beim Erdäpfel setzen und ernten, der Ratsch auf dem Acker, die Zufriedenheit nach vollendetem Tagwerk, die Freude, wenn sich die Kisten auf dem Anhänger mit riesigen Knollen füllten. Verklärung, nichts als Verklärung! In Wirklichkeit trippelte man, verfolgt von Mäusen, mit schreienden Bandscheiben und Dreck unter den Nägeln durch nimmer enden wollende Ackerfurchen. Vom händischen Massenmord an den Kartoffelkäfern will ich gar nicht erst reden. Nicht mit mir: Es lebe der Fortschritt, ein Hoch auf Vollernter, Insektizid und Tiefkühl-Pommes. Meine Hände gehören mir – und sie bleiben sauber. Alles klar?

Und dann passierte es. Keine Ahnung, was in mich gefahren war. Auf jeden Fall stehe ich eines schönen Nachmittags barfuß in unserem zwei Quadratmeter großen Kartoffelbeet. Selbst unsere Hühner können den Anblick nicht fassen und recken aufmerksam die Hälse. Ob sie es erkennen? Ich stehe in diesem Augenblick wie der Landlord persönlich inmitten von zwei Quadratmetern erdiger Glückseligkeit. Mit Sonne im Gesicht, Schweiß auf der Haut und krummem Rücken. Es ist nichts mehr da von der alten Feindschaft. Ich weiß immer noch nicht, ob sie nun Sieglinde heißen oder Agria, Aula oder Sante. Aber ich kann sie anfassen, ganz ohne Groll und Grausen. Als nächstes würde ich die Erdäpfel im Granitbrunnen auswaschen. Und dann sofort ein paar von ihnen in hauchdünne Scheiben schneiden und in einem feinen Öl braten. Eine ganz einfache Sache. Ein Fest. Und im Winter nehm' ich mir den Pflug vor. Der Rost muss runter. Kein Beet, ein Acker muss es künftig sein.

GOLDGRÄBERSTIMMUNG

Traumtage für Gartenfreunde, Selbstversorger, Landliebende, Schöpfungsgenießer, Einkocher, Marmeladenschlecker, Vorratsspeicherstapler, Krautstampfer, Lebensmittelveredler – einfach für alle, die mit Freude und Leidenschaft säen, beim Wachsen zuschauen, gießen, Unkraut jäten, Schädlingen hinterherjagen. Seit einigen Wochen ernten sie endlich die Früchte dessen, wofür sie in ihrer Freizeit den Buckel krumm gemacht haben. Und die heimischen Speisekammern füllen sich mit Köstlichkeiten, die jeder einzelnen Zelle auf der Zunge den Verstand rauben. Nie und nimmer könnte man dieses Geschmackserlebnis kaufen. Es verlangt Geduld, Liebe, Hingabe. Oder – wie in meinem Fall – einen lieben Menschen an der Seite, der all das aufbringt.

In unserer Speisekammer dominiert heuer die Farbe Gold. Das liegt am Honig. Eimerweise steht das süße Gold der Blüten in den Regalen. Es ist der großartige Abschluss unserer Imker-Premiere. Die beiden Bienenvölker haben uns offensichtlich sämtliche Anfängerfehler verziehen. Unglaubliche 100 Kilo feinsten Honig haben die Arbeiterinnen im Sommer hergestellt. Nicht einmal im Traum hätten wir gedacht, dass es so viel werden könnte. Und doch ist die Menge nicht das Entscheidende. Selbst wenn er nur für fünf Brote gereicht hätte:

Wir fühlten uns wie die Goldgräber am Klondike, die auf eine dicke Ader gestoßen sind, als der erste eigene Honig aus der Schleuder unserer Lehrmeister heraus lief und wir den ersten Löffel kosten durften.

Das erste Bienenjahr – es war ein Abenteuer für die Sinne. Keine Woche verging ohne eine neue Entdeckung. Die Nase lernte, dass Lindenblüten dem Honig eine ganz andere Note geben als beispielsweise die Bäume des Waldes. Die Augen konnten sich nicht satt sehen am geschäftigen Treiben im Stock. Und auf Zunge und Gaumen verschmolzen die süßen Essenzen des Sommers zu einem kulinarischen Gedicht. Ich weiß jetzt, dass die Begriffe Beuten, Absperrgitter und Weiselfänger nichts mit kriminellen Machenschaften zu tun haben und denke bei den Worten Besen und Schleier nicht zwangsläufig an eine muslimische Hausfrau. Und beim Herumstöbern zwischen all den Gerätschaften beim Bayerischen Imkertag in Straubing hatten meine Frau und ich sogar schon das Gefühl, wir würden da jetzt tatsächlich irgendwie dazugehören.

Jetzt beginnt das neue Bienenjahr. Nach der Bekämpfung der Varroamilbe mit Ameisensäure kommt es jetzt vor allem darauf an, dass das Volk genügend Waben besetzt hat, damit es gut durch

den Winter kommt. Wie die Bienen die kalte Jahreszeit überstehen, ist schon wieder der Wahnsinn: Sie spielen mit ihren Flugmuskeln und heizen so mit ihrer eigenen Körperenergie. Dabei kuscheln sie sich in einer Kugel zusammen. Ganz unten sitzen Bienen an den Futterwaben. Die verteilen das Futter an die anderen Bienen. Und damit keine erfriert, wechseln sie ständig ihre Plätze. So kann ein Volk bis zu 50 Minusgrade überstehen.

Nur wie die Bienen mit ihren Männern umgehen, damit werd' ich mich nie anfreunden können. Die haben nur einen Lebenszweck: die Begattung der Königin im Frühjahr. Das war's dann. Sobald im Hochsommer die Nahrung knapper wird, ist es aus und vorbei mit ihnen. Sie bekommen erst nix mehr zu fressen und werden schließlich aus dem Stock gezerrt, wo sie elend zugrunde gehen. Stellen Sie sich vor, die Biene Maja hätte das mit ihrem Willi gemacht …

Ich wollte einen Presssack. Ich bekam einen Aufruhr. So vergaß ich alles. Und ging mit einer Salami. So war das an jenem Samstag in der Metzgerei.

Es ging zu wie auf dem Petersplatz, wenn's zum Segen auch noch Freibier gibt. Wie es sich gehört für eine gute Dorfmetzgerei am Samstag Vormittag. Ans Senfregal gedrückt, fand ich einen Platz zum Ruhen. Da spürte ich es, das Knistern in der Luft, ein Zittern: Aufruhr! Die Menge war eins in ihrem leisen Schrei nach Freiheit, und eine ältere Bäuerin gab die Losung aus: „Die Hühner einsperren, niemals! Vorher bringe ich alle um." Alle nickten. Ich auch. Einmal. Dann blieb mein Blick beschämt am Boden. Unsere Hühner waren schon drin, schon einen Tag nach dem Erlass von Oben. Schlimm: Es riecht nach Freiheit und Anarchie und man steht selber mittendrin als obrigkeitshöriger, ängstlicher Anpassungsspießer. Deshalb Salami und schneller Abgang.

Aber was blieb nach einer Woche vom Kampf um die Freiheit des Federviehs? Wo sind die Hühner geblieben? Alle eingesperrt oder tiefgefroren, auf jeden Fall abgeschottet von ihren vogelwilden Verwandten, die Tod und Verderben einfliegen könnten. Verraten von Denunzianten und mit

Strafe bedroht, gaben auch die mutigsten Freiland-Hühnerfreunde auf.

Und jetzt? Kein Laut, nirgends. Kein Hahnschrei, der den Tag vom Joch der Nacht befreit. Verschwunden sind die gackernden Farbtupfer im Herbstlaub. Und die fetten Flugenten, die unkontrolliert wie besoffene Pershings durch den Luftraum fetzten, sitzen fest im Geflügel-Hangar oder hängen im Kühlraum. Auch den Chicken-Run gibt's nirgends mehr: Die Mutprobe der wildesten Hühner, die im Graben auf Autos warten und im letzten Moment auf die Straße stürzen. Die Besten überquerten die Straße und kehrten exakt in dem Moment wieder um, wenn der Autofahrer glaubte, sie seien außer Gefahr. Alles vorbei. In diese freudlose Welt kann jetzt genau so gut der Nebel kommen, der Winter und die Lohnsteuererklärung.

Doch die Unterdrückung unserer gefiederten Freunde wird nicht ohne Folgen bleiben. Prophezeiten nicht schon die Indianer: Erst wenn das letzte Huhn gerupft ist, werdet ihr merken, dass Kaiserschmarrn ohne Eier eine trostlose Pampe ist. Aber ihr wolltet es ja so haben. Und es wird nirgends mehr ein selbstloses Huhn geben, das diesen Bampf aufpickt.

Alle reden vom Artensterben. Kaum wird's auf unserem Heimatplaneten ein paar Grad wärmer und es fließt ein Jahrhundert lang ein bisschen mehr Beton, machen so putzige Tierchen wie der australische Magenbrüterfrosch, der asiatische Kahlkopfgeier oder der chinesische Flussdelfin den Schuh. Hauen einfach komplett ab in die ewigen Jagdgründe. Ohne sich umzudrehen, ohne ein Wort des Grußes. Das ist bitter.

Aber bei aller Trauer: Das sind doch Randgruppen. Tierische Mauerblümchen. Was bedeutet ihr Verschwinden schon im Vergleich zum Aussterben des Dackels. Gehen Sie einmal in sich: Wann haben Sie das letzte Mal in die Augen eines deutschen Dachshundes geblickt? Der „Stern" hat es auf den Punkt gebracht: Der Dackel ist ein Globalisierungsverlierer. Der treueste Begleiter des Deutschen stirbt aus, weil er mit seinen kurzen Stutzelbeinen in keinen Geländewagen hineinkommt. Allein schon das Bild macht einen todtraurig: Der kampferprobte Gefährte steht schwanzwedelnd vor so einem Hochsitz auf Rädern, schaut hinauf und watschelt ob der Ausweglosigkeit traurig von dannen, bis dorthin, wo die Sonne niemals wieder aufgeht.

Dabei waren sie einst so selbstbewusst und eigensinnig – ob Waldi, Wastl oder Fine. Es gab auch ein paar richtig hundsgemeine Schurken darunter. Schauten drein, als könnte sie kein Wässerchen trüben, und zwickten einen im nächsten Moment dermaßen in die Wadl, dass alles zu spät war. Alles verziehen! Der Dackel war der Hundling unter den Hunden. Klein, aber zäh. Ein furchtloser Schwimmer und mutiger Jäger, treu und kämpferisch durch und durch.

Und was haben wir anstelle des Dackels bekommen: Für die hundeliebende Familie muss es ein verschlafener Golden Retriever oder Labrador sein. Müde dreinschauende Bettvorleger, für die der Gang zum Fressnapf den Gipfel des wilden Lebens darstellt. Selbst Pekinesen haben unserem Dackel den Rang abgelaufen. Fiepsende Zwergwuffis, die nur einen Vorteil haben: Man kann sie jederzeit mit der Automatik-Leine zurück in die Gucci-Handtasche schleudern.

Ja, es wird wohl so sein: Erst wenn der letzte Dackel ins Gras gebissen hat, werden wir feststellen, dass Tapferkeit und Treue niemals aus der Mode kommen. Was dann kommt? Ein Aufrechter hat es im „Welt online"-Forum so formuliert: „Verdammt. Deutschland ohne Dackel, dann hält mich hier wirklich nichts mehr."

Da geht er hin, der Sommer. Einer wie wir selten einen hatten. Mit vielen entspannten Abenden in kurzen Hosen auf der Terrasse. Ein Sommer der Leichtigkeit. Allein die Regalbretter in den Speisekammern ächzen unter der Last der üppigen Obsternte.

Aber natürlich gibt es auch die andere Seite: verbrannte Böden, gigantische Einbußen in der Landwirtschaft, Wälder in Flammen, austrocknende Flüsse, geplagte Bauarbeiter und die Sorge, dass die Dauerhitze ein Vorbote des Klimawandels sein könnte.

Von alldem ahnten wir nichts, als wir im Frühjahr unsere kleine Farm um eine Tierart erweiterten: Forellen! 20 Setzlinge fanden in unserem Teich, der bisher allein Kröten, Libellen, Gelbrandkäfern und weiterem Kleingetier reserviert war, eine neue Heimat. Klares Ziel: Wachsen, gedeihen, schmackhaft werden. Anfangs lief alles gut. Die Forellen entwickelten sich wunderbar im Weiher, der vom Überlauf unserer Hausquelle und einer zweiten, oberflächennahen Quelle mit Frischwasser versorgt wird. Nur: Mit jeder weiteren heißen Woche wurde das Wasser weniger. Schließlich versiegte eine Quelle ganz, und aus dem Zulauf-Rohr rann nur mehr ein stricknadeldünnes Rinnsal. Die einst fröhlich flitzenden Fische trieben träge und

matt knapp unter der Wasseroberfläche. Und unser Kampf begann.

Angler, Tierfachverkäufer, das Internet, Freunde lieferten die Informationen, die wir ähnlich gierig aufsaugten wie die Forellen nach Sauerstoff lechzten. Wir kauften erst einen Solar-Springbrunnen (nicht empfehlenswert für diesen Zweck, zu wenig Leistung) und anschließend eine netzversorgte Belüftungsanlage. Wir besorgten Sauerstoff-Tabletten und weitere Mittelchen gegen mögliche Mangelkrankheiten. Wir reaktivierten eine alte Gefriertruhe allein für einen Zweck: In drei Eimern gefror darin Wasser zu Eis, das wir mittags in den Teich kippten, um ihn ein wenig runterzukühlen. Aus demselben Grund verzichten wir auf der Terrasse seit Monaten auf jegliche Beschattung – alles rund um den Teich aufgebaut. Und was soll ich sagen: Es hat gewirkt. Die Forellen turnen wieder pfeilschnell durchs Wasser, schnappen nach Futter, wachsen und gedeihen. Nur drei mussten wir bisher tot aus dem Wasser fischen – und eine große Ringelnatter verdächtigen wir, dass sie sich ebenfalls den ein oder anderen Fisch munden ließ.

Ja, da geht er hin, der Sommer – und es bleibt auch die beglückende Erfahrung, dass man einiges schaffen kann, wenn man nur will und die Not es verlangt. Wer weiß: Vielleicht gilt das ja nicht nur für die Forellenaufzucht in heißen Jahren.

MAX GEHT

Am Ende des Tages, wenn die Hühner sich aneinander lehnten, die Gräser im Nachtwind tanzten und im TV der Irrsinn das Bild bestimmte, hingen wir rum. Max blieb auf dem Teppich. Stöhnte. Mit dem Kopf zwischen den Pfoten. Kein Wunder, bei dem Fernsehprogramm. Sein Herrchen wurde derweil vom Sofa verschlungen.

Wir waren fast immer die letzten. Max, der alte schwarze Schäferhund, und ich. Wenn wir schlafen gingen, war das Gurgeln der Spülmaschine verstummt, im Kachelofen flüsterten verkohlte Hölzer, und Kater Murle straffte die Pfoten für den ersten nächtlichen Überfall.

Früher, da war Max mal ein Wilder. Wehe, man ließ im falschen Moment sein bunt gewebtes Halsband los. In blinder Begeisterung überrannte er alles. Er nahm Terrassentüren auseinander und spielte mit Hühnern Rugby. Er nahm es mit Stieren auf der Weide auf und ergötzte sich an der Panik flüchtender Touristen. Nur Murle blieb unbehelligt. Er überließ Max immer einige Bissen Katzenfutter im Fressnapf. Der Preis des Friedens.

Nur am Ende des Tages, da machte Max schon immer einen auf Tod. Es war ein Ritual: Ich öffnete die Terrassentür. Max stellte sich schlafend. Ich wurde laut.

Max öffnete ein Auge.

Ich führte mich auf wie ein hysterischer Amok-läufer. Max trottete zur Tür und schaute lustlos raus. Wehe, es regnete oder blitzte oder hatte weniger als 15 Grad oder roch nicht nach Reh – dann musste ich anschieben. Irgendwann standen wir draußen und schauten in den Himmel. Und wenn ich genügend Geduld hatte, humpelte Max noch ein paar Meter weiter übers Grundstück und hob sein Bein.

Zurück im Haus, gab's noch einen kleinen Machtkampf um den Schlafplatz. Max trottete zum Sofa, ich deutete auf den Teppich unter der Treppe im Hausgang. Meistens setzte ich mich durch. Dann wünschten wir uns eine Gute Nacht: Er schaute mich vorwurfsvoll an, ich tätschelte ihm den Kopf.

Am Ende dieses Tages ist es noch hell draußen. Die Spülmaschine gurgelt, der Kater schläft.

Max liegt da, mit dem Kopf zwischen den Pfoten. Ich nehme ihm das bunte Halsband ab. Wo er jetzt hingeht, wird er keines mehr brauchen. Nichts kann ihn mehr halten.

„Man kann auch ohne Hund leben, aber es lohnt sich nicht", wusste schon Heinz Rühmann. Von Rainer Maria Rilke stammt der Satz: „Das Leben und dazu eine Katze, das gibt eine unglaubliche Summe." Um Hühner anzuschaffen, brauchte es keine Überredungskünste eines Dichters. Hühner machen einen reich. Punkt. Man kann ihnen stundenlang zuschauen und wird auch noch mit wohlschmeckenden Eiern belohnt. Was will man mehr?

Und jetzt also auch noch Bienen. „Das sind die reinsten Stresskiller, bei der Arbeit mit ihnen vergesst ihr alles, was um euch vorgeht und eben noch belastet hat." Das waren die Worte des Imkers, der uns in kurzer Zeit überzeugt hat, dass ein Leben ohne Bienen das Gegenteil von blumig, würzig und gelb-schwarz ist, nämlich grau und öde. Der Mann weiß alles über Bienen, und man könnte ihm stundenlang zuhören, wenn er davon erzählt. Von den unglaublichen Leistungen, die sie vollbringen, von ihrem phänomenalen Zeitgefühl oder wie sie ihren Artgenossen im Tanz erzählen, wo und wie weit entfernt die größten Köstlichkeiten blühen. Garantiert: Sie schenken einem Imker aus Leidenschaft eine halbe Stunde Gehör – und auch Sie sind überzeugt, dass nur die Honigbiene die Krönung der Schöpfung sein kann. Der Mensch ist eigentlich nur Beiwerk. Auf der Welt, um Rähmchen für die Waben zu basteln, die Biene gegen Feinde zu verteidigen und ihr den Winter mit Süßigkeiten zu verkürzen. Damit der Mensch nicht merkt, dass er eigentlich ausgenutzt wird, bekommt er ab und zu ein Gläschen Honig.

Ich habe es inzwischen verstanden: Das Glück dieser Welt offenbart sich nur dem, der eine Imkerbluse trägt und gern verschleiert auftritt. Mit weitreichenden Folgen. Mir ist heute beispielsweise völlig klar, warum Imker häufig einen sehr zufriedenen Eindruck machen, aber ebenso häufig zu den älteren Herrschaften gerechnet werden dürfen: Man muss schon eine Weile lesend, lernend und entdeckend auf der Welt sein, um den Kosmos dieser kleinen Tiere auch nur annähernd zu verstehen. Auch manch liebgewonnene Gewohnheit muss man umstellen. Ich war zum Beispiel immer ein Kahlschlag-Rasenmäher: Maschine anwerfen und ab mit Gebrüll, dass die Fetzen fliegen. Ohne Rücksicht auf Verluste. Das ist die perfekte Abwechslung zur Büroarbeit. Und am Ende war alles kurz und fein. Da sah man wenigstens, was man geschafft hat. Das ist vorbei. Jetzt zählt: Was blüht wann, damit die Bienen nie hungern müssen? Da kann es schon mal passieren, dass ich von meiner Liebsten, der eigentlichen Imkerin in der Familie, zurückgepfiffen werde, wenn ich mit dem Messer dem blühenden Schnittlauch an die Gurgel will, damit wieder junges Gemüse für die Suppe nachwachsen kann. Geht gar nicht: Bienen lieben Schnittlauchblüten. Dass ich jetzt mit dem Rasenmäher um jedes Pflänzchen einen Bogen mache, das auch nur annähernd so geformt ist, dass man einen Rüssel reinstecken kann, versteht sich von selbst.

Doch als Entschädigung reicht schon ein kurzer Gang am Abend. Noch einmal bei den Hühnern vorbeischauen, durchzählen, eine Gute Nacht wünschen und das Türl zusperren, damit der Marder nicht reinkommt. Und dann noch kurz zu den Bienen. Wenn's schön ist, tummeln sie sich vor dem Einflugloch. Man könnte meinen, sie würden in der untergehenden Sonne noch ein wenig auf der Hausbank plauschen. Wie heißt es im alten deutschen Sprichwortschatz: „Willst du Gottes Wunder sehen, musst du zu den Bienen gehen."

Vaterfreuden

Zum Glück
hat Mann Familie

Gestern Nacht ist mir ein Missgeschick passiert: Ich wurde vom Glück überrannt. Ich höre Sie schon flüstern. Das sei so tragisch nun auch wieder nicht, wollen Sie sagen. Von wegen! Warten Sie's ab.

Es war das wohlige Ende eines erfüllten Tages. Ich lege mein Buch aus der Hand und will gerade die Nachttischlampe ausknipsen. Völlige Stille im Haus, nicht einmal der Hund furzt. Wie bei den „Waltons" ungefähr eine Stunde nach Ende des Abspanns, wenn sich dann wirklich alle Gute Nacht gewünscht haben. Nur noch ein kurzer Blick in die Kinderzimmer und dann die Bettdecke bis zur Nase hochziehen und sofort wegschlafen. Die Zwillinge Linus und Katharina scheinen völlig entspannt. Sie atmen ruhig, nichts trübt ihren Frieden. Antonia liegt quer im Bett, die Zudecke verwurstelt. Wie immer. Ich ziehe die Decke hoch und drehe mich um zum Gehen. Da lacht sie einfach los. Mit geschlossenen Augen. Ein herzhaftes, völlig ungekünsteltes Lachen, als hätte sie genau in diesem Moment begriffen, auf welcher Seite des Lebens die Sahnetorten stehen.

Dieses Lachen ist der Tropfen, der das Glück zum Überlaufen bringt. Sie kennen doch dieses Gefühl. Es zieht einem die Beine weg und man fällt nicht. Ein Orkan fetzt den Putz von der Seele, und der Lebensnerv liegt blank wie ein wundes Starkstromkabel. Dieses zitronengelbe Gefühl mit einem Schuss Tequila. Dieses Urschrei-Gefühl, während man im gläsernen Fass die Niagarafälle hinunterdonnert. Ein magischer Augenblick, für den der Kosmos kurz den Blinker setzt, rechts ranfährt und das Verdeck hochklappt. Und dann kann's auch wieder ganz normal weitergehen. Denn sobald einem zu dämmern beginnt, dass man gerade eben unglaublich glücklich ist, riecht man auch schon den Pulverdampf in der Luft. Das war's dann. Sollte dieser Zustand bei Ihnen einmal länger anhalten, machen Sie sich keine Sorgen, Sie sind dann wahrscheinlich gerade gestorben.

Tja, ich könnte mich also jetzt beruhigt schlafen legen. Aber ich bleibe einen Tick zu lange bei Bewusstsein – und patsch: Wie die Schafe reihen sich die Gedanken in der Schlange ein – und sie werden zunehmend quälender. Darf ich glücklich sein, wo es uns allen doch so schlecht geht, Deutschland und so? Die Wirtschaft im Sumpf, die Jugend ohne Bildung, die Kanzlerin von Verrätern umzingelt, die Rentner betrogen und der FC Bayern ohne internationalen Titel. Ich fühle mich plötzlich, als würde ich vor Rudi Carrells laufendem Band sitzen. Doch statt Toaster, Fernseher und Mixer ziehen Klimawandel, korrupte Manager, marode Straßen und andere Katastrophen an meinem geistigen Auge vorbei. Mit Schweiß auf der Stirn gestehe ich schließlich alles: „Glück ist Sünde", stammle ich. Ja, ich werde es nun jeden Abend tausendmal aufzählen: „Uns geht's schlecht, uns geht's mies, wir sind die Ärmsten …"

„Aus den Federn!" Ich reiße die Augen auf, sehe einen überaus fröhlichen Blondschopf direkt vor meiner Nase. Gott sei Dank, die Nacht ist um.

Leben ist eine Frage der Perspektive. So tasteten wir Burschen uns Tag für Tag an der mächtigen Fichte hinter unserem Haus ein Stück weiter aufwärts. Und irgendwann klammerten wir uns mit schlotternden Knien und harzverklebten Händen an den Stamm, der uns gar nicht zu bemerken schien. Da hingen wir, konnten weder rauf noch runter, und kamen doch irgendwie mit pochendem Herzen und zerschundener Haut wieder auf dem sicheren Waldboden an.

Die wirklich Wilden waren schon damals selten. Meine Knie wurden schätzungsweise bei zehn Metern weich. Vielleicht waren es auch bloß drei. Früher betrog das Adrenalin die Sinne, heute macht's die Verklärung. Unten am Stamm lehnen und in die Sonne blinzeln, das war schon eher mein Ding. Außerdem war die alte Fichte ein herrlicher Treffpunkt, um Pläne fürs Leben oder die nächste halbe Stunde zu schmieden.

Heute gibt's das nicht mehr. Oder wann haben Sie das letzte Mal einen Buben oder ein Mädchen hoch oben auf einem Baum gesehen? Vermutlich würde sofort jemand sein Handy rausreißen und die Feuerwehr alarmieren. So was läuft nicht mehr. Wenn die Kinder klein sind, stehen sie unter Dauerbewachung durch uns Vollkasko-Eltern. Werden sie größer, müssen sie büffeln, um für später gewappnet zu sein. Zum Ausgleich dürfen sie Geige spielen lernen. Wenn sie Glück haben. Wenn es blöd läuft, verkümmern sie vor dem Fernseher. Für Bäume bleibt keine Zeit.

All das geht mir durch den Kopf, während ich mit meinen Kindern auf dem Baumstumpf hinter unserem Haus sitze und die Jahresringe zähle. Um die 100 sind es. Fette und magere. Er hat verdammt viel erlebt, der Riese meiner Kindheit. Er überragte alle, stemmte sich gegen jeden Sturm, und im Herbst sammelten sich die Krähen in seinen Ästen. Vielleicht kletterte sogar mein Großvater schon heimlich im Geäst herum. Damals, als das Leben viel zu hart war für eine glückliche Kindheit.

Wie ein gestrandeter Wal drückt sich die gefällte Fichte jetzt in den Waldboden. Ihr Kern ist verfault. Doch selbst im Liegen reckt sie die Äste trotzig in den Himmel. Vielleicht entdecken unsere Kinder ja später einmal auf der jungen Buche daneben, dass die Welt von oben ganz anders aussieht. Allerdings lässt mich Linus daran zweifeln. Er fährt mit seinem Plastikbulldog vor und sagt nur vier Worte: „Baum, Säge, brumm, brumm!" Und seine Augen leuchten.

Wer jung ist, stemmt die Welt allein. So ab 14 geht's los: Mit berstender Kraft und brennender Leidenschaft werden Grenzen überrannt. Leben prall und ohne Rücksicht. Heute ist mir klar: Für Eltern muss diese Zeit die Hölle sein. Sie stehen überall im Weg und machen nichts richtig. Und blicken lassen kann man sich mit ihnen sowieso nirgends. So alt wie die sind und so uncool. Es ist eigentlich eine evolutionäre Frechheit: Da ruiniert man sich Rücken und Nerven bei Hege und Pflege, schüttelt Milchfläschchen statt Martinis, verzichtet auf Freiheit, Geld und Karriere, tanzt im Urlaub Ententanz am Chiemsee statt Hula Hula auf Maui – und was bleibt davon hängen? Null! Pubertäre Amnesie. Nach der hormonellen Gehirnwäsche müssen Väter und Mütter froh sein, wenn sie als wandelnde Geldautomaten akzeptiert werden und gelegentlich als Chauffeure einspringen dürfen. Hilft nix. Muss so sein. Wer wächst, stößt an.

Mein Vater hält mir manchmal einen langen Brief vor die Nase, den ich angeblich in grauer Vorzeit verfasst haben soll. Der Inhalt in Kürze: Ich halt das nicht mehr aus. Morgen bin ich weg. Weit kam ich nicht: An der großen Linde am Highway war Schluss. Am Stamm lehnen, eine Zigarette rauchen, geduldig warten, bis ein Motorrad vorbeifährt und in der Nacht verschwindet, heimgehen –

kleine Fluchten. Auch gut. Wenn man Glück hat, stellt man irgendwann später fest: Älter werden ist nicht ganz so grauenvoll, wie man es als 16-jähriger Matchbox-Rebell vor Augen hatte. Wenn es so weit ist, kann getrost eine neue Epoche beginnen: Aus Kindern werden Eltern, aus Eltern Großeltern.

Als Antonia noch klein war und ihre blaue Reisetasche packte, wussten wir, was die Stunde geschlagen hatte: „Ich bleibe da", sagte sie, wenn wir uns nach einem Familienfest zum Aufbruch bereitmachten. Der „Omaschatz" wird bei Oma übernachten. Und wenn Opa und Oma „Pech" haben, wird es schwierig, dass sie selber noch einen Platz zum Schlafen finden. Weil plötzlich alle Enkelkinder dableiben wollen, um sich bis tief in die Nacht über ihre Eltern zu beschweren.

Machen wir uns nichts vor: Wir Eltern sind Alltag, Großeltern sind Magie. Opas bauen Bauernhöfe und Lehmöfen, reparieren Schaukelpferde, kitzeln einen bis zum Umfallen und haben immer einen Keks zur Hand. Omas singen, bis die Augen zufallen, kochen täglich Grießflameri und wissen, wie das Leben läuft. Und irgendwie schaffen sie es immer, genau im richtigen Augenblick an dem Ort zu sein, wo sie am meisten gebraucht werden. Deshalb denkt dran, ihr jungen Heißsporne: Trampelt ruhig eure eigenen Pfade, aber lasst das

beste Porzellan im Regal. Ihr werdet diese beiden Menschen, die euch vielleicht gerade ganz uncool das Nutella-Brot schmieren, noch ganz gewaltig brauchen. Ich bin alt genug, um das zu wissen. Wenigstens das.

Ich achte darauf, dass ich nicht aus dem Tritt komme. Gelegentlich schiele ich nach rechts oder links, um nichts verkehrt zu machen. Und dann ist da ja noch der kleine Mensch mir gegenüber, der führt, wenn ich stocke, der mir gelegentlich in die Augen schaut und Schritt für Schritt mit mir geht.

Der „Friedenstanz" um den Altar ist der inoffizielle Höhepunkt des Abschlussgottesdienstes der Schulanfänger im Kindergarten St. Raymund in meiner Heimatpfarrei Breitenberg. Ein Kapitel geht zu Ende, ein neues beginnt. Nun ist also auch Lucia, unsere Kleinste, keine Kleine mehr. In den Tanzschritten, den Drehungen, den Berührungen der Elternteile mit ihren Kindern fließen all die Erinnerungen der letzten Jahre zusammen – und auch alle Hoffnungen auf eine gute Zukunft. Kein Wunder, dass da manche Träne über manche Wange kullert. Es braucht solche Feste, an denen das Leben kurz stillsteht und uns einen Blick in dessen Tiefe erlaubt. Im Hamsterrad des Alltags bekämen wir sonst gar nicht mit, wie der Mensch wächst und gedeiht und immer mehr von seinem Charakter und seinem Charisma entfaltet. In den letzten Jahren hat sich so viel verändert in Lucias Leben – das meiste davon langsam, in der Routine kaum bemerkbar, aber doch stetig und beständig. Als sie in den Kindergarten kam, durfte ich noch lachend „Laufender Meter" zu ihr sagen. Inzwischen sind fast 20 Zentimeter Größe dazugekommen. Sie hat Schwimmen gelernt, das Dribbeln mit dem Basketball und die ersten Schwünge auf Skiern. Sie kann Rechnen im Zahlenraum bis zehn und einige Wörter richtig schreiben. Und die wilden Strichzeichnungen von einst sind längst schönen Bildern gewichen, für die es keine Erklärung mehr braucht. Stark und selbstbewusst ist sie geworden – kein Wunder bei drei älteren Geschwistern – und trotzdem hat sie sich ihre traumtänzerische Leichtigkeit bewahrt. Es gäbe noch so vieles aufzuzählen – und nichts davon, kein Entwicklungsschritt ist selbstverständlich. Ist es anmaßend, wenn Eltern, während sie sich im Tanz drehen, ein wenig stolz sind auf ihre Sprösslinge, auf das, was aus ihnen geworden ist? Ich denke, nein. Und auch die Erzieherinnen und Kinderpflegerinnen unseres Kindergartens dürfen das, sollten das an so einem Tag sein. Mit Professionalität, Empathie, Freundlichkeit und Herzensbildung haben sie unsere Kinder begleitet, sie so angenommen wie sie sind, ihre Stärken gefördert, ihnen einen respektvollen Umgang untereinander beigebracht und in ihnen das Urvertrauen in ein Leben als von Gott geliebte Kinder wachsen lassen. Wenn wir uns umschauen in der Welt, sehen wir schnell, dass nichts davon selbstverständlich ist. Deshalb: Lasst uns manchmal tanzen. Vielleicht etwas ungelenk, aber dankbar, mit Freude, Erleichterung und voller Hoffnung.

Mann muss weise und stark klingen. Unerschütterlich wirken wie ein Fels in der Brandung.

Wenn Mann sie in den Arm nimmt, muss sie Kraft und Zuversicht spüren. Ja noch mehr: In dem Augenblick müssen all die Hoffnungen, die Glück- und Segenswünsche, die Mann in all den Tagen zuvor im Kopf gesammelt hat, direkt auf sie überströmen. Dann ist sie gewappnet für alles, was kommen mag.

Abschied nehmen ist oft schwer. Mannhaft Abschied nehmen von jemandem, dessen erster Schrei den Vorhang in eine neue Welt aufriss, von jemandem, mit dem man lachend über den Rasen purzelte, dessen Tränen man oft trocknete, dessen Fieber man kühlte und dessen Schlaf man bewachte, ist eigentlich unmöglich.

Unsere älteste Tochter Antonia ist für fünf Wochen in Peru. Die Reise ist gut organisiert. Sie fliegt gemeinsam mit Gleichaltrigen aus ganz Deutschland, beim Umsteigen in Panama wird sie begleitet, in Lima wartet bereits die Gastfamilie. Es gibt keinen Grund, sich zu sorgen. Der Kopf weiß das, doch das Herz kann nicht folgen.

Mir geht das alles viel zu schnell. Die Gegenwart rast vorbei. Wie lange soll es her sein, dass ich Antonia in den linken Arm gelegt bekam, ängstlich darauf bedacht, ja nichts verkehrt zu machen? 16 Jahre! Unmöglich. War es nicht erst vorgestern, dass ich bei ihr im Kaufladen eingekauft habe, sie hochhob, damit sie die neugeborenen Zwillinge das erste Mal berühren konnte, mit ihr singend vom Kindergarten heimfuhr.

„Der fremde Zauber reißt die Jugend fort." Von Friedrich Schiller wissen wir, dass das offensichtlich schon länger so ist. Und ich kann mich gut erinnern, dass ich selber ja auch mit wehendem Haar und der Nase im Wind durch die Welt stromerte – nächtelang, tief eingetaucht in Abenteuerromane und Reisereportagen. Im wirklichen Leben hat's ziemlich lange gedauert, bis ich das erste Mal auf einen Deich hinaufkletterte und mit pochendem Herz auf ein Wasser blickte, das nicht enden wollte.

„Wer einen Ankerplatz hat, dessen Schiff läuft auch aus. Kein Hafen ist denkbar ohne die Weite des Meeres", heißt es in einem Reisesegen von Deng Xiaopin. Und mein Kopf weiß das auch. Es ist ein großes Glück, in einer Welt leben zu dürfen, in der der Jugend so viele Türen, so viele Wege, so viele Möglichkeiten offenstehen.

Oh ja, die kann das, die braucht uns Eltern immer weniger. Da ist Stolz, gepaart mit Wehmut und auch Sorge.

Als die Zeit des Abschieds da ist, ist freilich nicht mehr viel übrig von all dem, was ich ihr mitgeben wollte auf die lange Reise. Ich umarme sie lange. Sage ihr schnell, sie möge ganz viel Freude haben, tolle Menschen kennenlernen, alle Sinne offenhalten und wieder heil heimkommen. Noch einmal winken und schnell zurück ins Auto.

Mit vielen Gedanken im Kopf und einem Stück Gegenwart, das leicht verschwommen im Rückspiegel zurückbleibt.

Natürlich: Jeder Tag ist für Überraschungen gut. Darauf muss man gefasst sein. Deshalb ist es wichtig, sich morgens zu sammeln, andächtig den Vögeln zu lauschen und lächelnd in die aufgehende Sonne zu blinzeln. Überraschungen, zumindest die schönen, mögen es nämlich gar nicht, wenn man ihnen griesgrämig begegnet. Die gehen dann einfach vorbei und suchen sich jemand anderen.

Aber es gibt auch Lebensphasen, die von sich aus herausragen. Nennen wir sie die Wunder-und-Würze-Phasen. Die sind selten, aber tief und schön. Gerade ist es bei uns daheim wieder so weit. Unsere älteste Tochter Antonia steht vor dem Abitur. Ein Knistern liegt in diesen Wochen in der Luft. Man spürt es. Das kommt so nie wieder: diese Mischung aus strapaziösem Lernen, letzter Mathe-stunde, nahendem Abschied von den liebgewordenen Freunden, Feiern, Aussuchen des Kleides für den Abiball … – Eine Zeit der rauschenden Ereignisse, der Möglichkeiten und der Höhenflüge, aber auch der Unwägbarkeiten, des Grübelns und der Sorge, möglicherweise den verkehrten Weg einzuschlagen (oder in Mathe zu unterpunkten).

„Ich werde dann nie wieder heimkommen, ohne dass ich wieder wegfahren muss." Dieser Satz, gemünzt auf künftige Studienpläne, wühlt sich tief hinein in die Magengrube. Antonia hat mir damit die Tragweite dieser Lebensphase noch einmal richtig bewusst gemacht. Mir geht es da wie vermutlich allen Vätern und Müttern: Ich kann es kaum glauben, dass das Kind nun definitiv erwachsen geworden ist. Es scheint doch nur einen Wimpernschlag her zu sein, dass sie mit ihrem ersten Schrei ganz neue Lebensnerven in uns bloßlegte. Der schlafende Säugling, bäuchlings auf meinem Arm, das blonde Mädchen mit der Schultüte, so nah. Die ersten schrägen Töne auf der Geige, noch kaum verhallt.

„Zwei Dinge sollen Kinder von ihren Eltern bekommen: Wurzeln und Flügel." Schön gesagt, verehrter Herr Goethe! Aber woher wissen wir Eltern, ob die Wurzeln tief genug, die Flügel stark genug sind? Ob das reicht, was wir unseren Kindern mitgeben und vorleben?

Wirklich wissen werden wir das erst viel später, vielleicht auch nie. „Sie haben sich redlich bemüht!" Zumindest diesen Satz würde ich mir für meine Frau und mich in einem Erziehungszeugnis erhoffen. Wir haben uns redlich bemüht – und manches bekamen wir ganz einfach geschenkt. Welch ein unfassbares Glück! Wie könnte man als Elternteil deshalb anders als dankbar sein in Wochen wie diesen.

Und was die Zukunft angeht – vielleicht ist das ja alles gar nicht so wild. Eine britische Elite-Universität hat einige wenige Grundregeln für Erstsemester aufgestellt. Darunter: Lüfte täglich dein Bettzeug und wechsle deine Unterwäsche; trinke immer ein Getränk weniger als die Leute, mit denen du unterwegs bist; sei niemals dogmatisch. Vielleicht reicht das ja schon, um für die Überraschungen und Wunder des Lebens gewappnet zu sein.

Aus der Schatzkiste des Lebens

Nur aufbrechen,
das muss man

Fast hätte ich das Ding umgefahren. Es war so unfassbar, dass es da stand, dass ich auf nichts anderes mehr schauen konnte. Vollbremsung! Dann stand ich glotzend davor, kratzte mich am Kopf, rieb mir die Augen, schaute wieder hin. Es war immer noch da. Dann wechselte das Ding wieder die Farbe. Diesmal von grün auf rot – und ich brach in schallendes Gelächter aus.

Eine Ampel. Hier. Nachts. An diesem wunderbaren Ort, wo nur das Plätschern des Baches die Einsamkeit der Wälder stört. Wo die Sterne heller scheinen als anderswo, weil nur wenige kleine Lichter aus einer Handvoll Häuser die Nacht erhellen. Auf einer Straße, die wohl schon Dichtergott Adalbert Stifter wählte, wenn er sich in Passau einen Eimer Bier holte, weil ihn auf dieser Strecke mit Sicherheit kein Mensch aus seinen edlen Träumen riss.

Eine Ampel. Hier. Im tiefsten Bayerischen Wald, ganz unten im Tal, an der Grenze nach Österreich. Die Brücke ist marode und deshalb auf einer Länge von rund 30 Metern nur einseitig befahrbar. Kommt man zur falschen Zeit, steht man dann vor dieser roten Lampe und fragt sich: Wo sind bloß die gewaltigen Karawanen, die Waren und Menschen aus dem gewiss fruchtbaren Tal hinaus in die Welt tragen? Stimmt schon: Es kann an

einem freundlichen Tag passieren, dass sich tagsüber zwei Autos auf der Brücke begegnen. Dann muss eines warten. Nachts bleibt dem Autofahrer dieses Prozedere im Normalfall erspart. Die Ampel sendet dann häufig ihre farbigen Signale unbeachtet ins Weltall, weil im Umkreis einer mittleren Böhmerwald-Galaxie kein einziges anderes motorisiertes Fahrzeug auf der Bahn ist.

Einmal habe ich das mitgemacht. Als ich beim zweiten Mal in der Einsamkeit der Wälder vor der roten Ampel stand, bemächtigte sich plötzlich ein Gedanke meiner selbst: Was wäre, wenn ... Ich hielt die Nase in den Wind, legte ein Ohr auf die Asphaltdecke, schaute mit dem Fernrohr hinüber auf die andere Seite. Nichts. Gar nichts. Und ich tat es: Legte den ersten Gang ein und fuhr ganz langsam los. Und die Ampel war rot. „Gut gemacht", sagte ich am anderen Ende der Brücke zu meinem Fiat. 30 Meter als Gesetzloser - hurra, ich lebe!

Wir waren vier Freunde und die Welt lag uns zu Füßen. Frei wie die Vögel fühlten wir uns.

Viele Nächte verbrachten wir gemeinsam, vertieft in wilde Bücher. Literweise gossen wir grünen Tee in uns hinein. Aus allen Ritzen qualmte ein Gemisch aus Patschuli-Räucherstäbchen und selbstgedrehten Zigaretten. Da saßen wir, cool wie Clint Eastwood, schön wie Steve Mc Queen, wichtig wie Jean-Paul Sartre und unbezwingbar wie der erste Terminator. Jederzeit bereit, den Mond anzuheulen oder in die zerrissenen Jeans zu schlüpfen und nach Sacramento aufzubrechen. Bob Dylan hatte schon Jahre zuvor die Hymne für diese Art zu leben geschrieben: „Kommt Mütter und Väter im ganzen Land und kritisiert nicht, was ihr nicht verstehen könnt. Eure Söhne und Töchter sind jenseits eurer Kontrolle. Eure alte Straße altert rapide." Morgens stiegen wir dann wieder in den Schulbus, die Pausenbrote von der jeweils zuständigen Mama gut verstaut, und blickten aus beschlagenen Fenstern auf die Welt, die uns zu Füßen lag. So war das, damals, Anfang der 80er-Jahre. Wir waren 16 oder 17 und eines war gewiss: Danach kommt nicht mehr viel.

„Bald werden wir fett und vernünftig sein!" So orakelte ich in meinem Tagebuch. Noch zwei, drei schmetterlingsbunte Lagerfeuerjahre, dann Leben in einer Schachtel. Alltag, Arbeit, Abstumpfen.

Natürlich hatte Bob Dylan Recht: Die Zeiten ändern sich. Und manchmal werden sie besser.

Denn jung sein heißt gelegentlich auch furchtbar leiden. In meinem Tagebuch hört sich das so an: „Es ist wie an einer riesigen Kreuzung. Nach allen Richtungen führen Straßen ohne Schilder und du sitzt in der Mitte auf dem warmen Teer und wartest darauf, überfahren zu werden." Und auch sonst war ja in diesen 80er Jahren nicht alles eitel Sonnenschein:

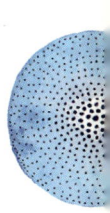

Romy Schneider starb an gebrochenem Herzen, Europa war drauf und dran, von den atomaren Großmächten zermalmt zu werden, und eine gewisse Nicole klampfte bis zur Bewusstlosigkeit „Ein bisschen Frieden, ein bisschen Sonne für diese Erde, auf der wir wohnen." Da fiel es schon kaum mehr ins Gewicht, dass sich meine Mama mit ihrem Veto immer noch durchsetzte, wenn ich im Bundeswehr-Parka zur Kirche mitgehen wollte.

Seitdem sind viele, viele Jahre vergangen. Meine Freunde und ich sind inzwischen in einem Alter, das wir damals eigentlich nicht zu erreichen glaubten. Jenseits von Gut und Böse, jenseits von Coolness und Abenteuer, jenseits von Aufbruch und Neuanfang. Wir leben in einem Familienstand, den wir damals zu keiner Sekunde erstrebenswert fanden. Wir arbeiten hart und ausdau-

ernd, obwohl wir damals eigentlich nur die Kohle verdienen wollten, die ausreicht für die nächste Reise auf einen fernen Kontinent. Und auch die Welt lag uns nicht immer zu Füßen. Es gab immer wieder verweinte Tage, an denen die Welt über uns hinweg trampelte. Aber was soll ich sagen, jetzt, wo wir alle unseren 50. Geburtstag feiern: Wir hatten unglaubliches Glück! Wir leben alle noch. Wir fanden die Liebe, hörten den ersten Schrei unserer Kinder und heulten vor Freude. Wir mussten nie hungern und standen nie mit einer entsicherten Waffe im Anschlag einem Fremden gegenüber. Wir durften immer sagen, was wir wollten, konnten an unglaublich vielen Kreuzungen frei wählen, in welche Richtung wir gehen wollten. Und wenn wir uns nach langer Zeit wiedersehen, ist da die Vertrautheit, die nur Freunde fürs Leben kennen.

Wir sind vier Freunde. Und wir sind nicht fett geworden. Keiner von uns. Niemals. Was auch auf der Waage stehen mag.

Meistens sind wir alle umgänglich, freundlich und vernünftig. Es hat ein paar Millionen Jahre gedauert, aber inzwischen haben wir Menschen gelernt, dass wir leichter miteinander zurechtkommen, wenn wir nicht gleich mit der Keule übereinander herfallen. Und doch: Manchmal muss er raus, der Neandertaler in uns. Zumindest bei uns Männern ist es so, bei Frauen kenn ich mich da nicht so aus. Wir brauchen solche Urvieh-Momente, um die restlichen 95 Prozent unserer Lebenszeit zufrieden, lammfromm und ausgeglichen zu sein. Wann der Wilde in uns durchkommt, weiß man nie so genau. Mir kann es zum Beispiel passieren, während ich gemütlich an der Donau entlang heimwärts radle. Mit jeder Umdrehung der Kurbel bleibt der Alltag ein Stück weiter zurück. Freiheit, Freude, Sonnenschein. Doch plötzlich spüre ich es: Oha! Da kurbelt einer hinter mir. Im Prinzip ist das völlig egal. So ein Donauradweg muss tagtäglich ziemlich viel aushalten, zwei Radler hintereinander fallen da nicht ins Gewicht. Es muss mich überhaupt nicht interessieren, was hinter mir los ist. Aber aus irgendeinem unerfindlichen Grund ist die Leichtigkeit weg.

Die Muskeln spannen sich, ich mach mich kleiner, windschlüpfriger. Und von tief in mir drin spricht eine Stimme: „Das schau'n wir uns jetzt an, wer da der Schnellere ist!"

Natürlich mach ich erst einmal nichts Außergewöhnliches. Ich halt mich zurück, lass den Gegner kommen. Der darf auch ruhig überholen. Vielleicht glaubt er dann ja, er hätt' eine Chance. Und im nächsten Moment merk ich auch schon, wie er sich aus dem Windschatten löst und gemächlich an meine Seite rollt. „Du hast einen breiten Rücken, da kann ich mich gut verstecken", sagt er. Grinst schelmisch und lässt sich wieder zurückfallen. Au weh, denk ich, das wird nix. Der ist ja gleich 30 Kilo leichter als ich. Statt Beinen schauen zwei stählerne Muskeln aus der Radlhose, das Gesicht wettergegerbt von tausenden gefahrenen Kilometern. Nur eines spricht für mich: Er ist auf jeden Fall älter als ich.

„Wo kommst denn her?", frag ich nach hinten zu meinem Windschattenmann. „Was?", schreit der nach vorn. „Du musst laut reden mit mir. Ich bin 76 und hör ziemlich schlecht." Ich hör die Zahl und stell im gleichen Moment das Treten ein. 76! Und so beieinander! Er überholt mich und lässt nun mich eine Weile im Windschatten mitfahren.

Und dann erzählt er: Vom Fallschirmspringen. Vom Radeln, das er erst mit 50 angefangen hat, „dann aber richtig". Von den täglich 150 Liegestützen. Vom Ringen und Gewichtheben, das er in seiner Jugend beherrscht hat wie wenig andere. Von unzähligen Sprüngen in die Donau – kopfüber von der Hängebrücke!

Auf den paar Kilometern, die wir gemütlich mal hintereinander, mal nebeneinander radeln, wird mir manches klar: Mein Rennradbegleiter war immer ein Draufgänger, ein wilder Hund.

Mit großer Disziplin bereitete er sich darauf vor, den Alltag weit hinter sich zu lassen. Die gleiche Disziplin half ihm, Verletzungen und Schicksalsschläge zu verkraften. Heute ist er ein wenig ruhiger, genießerischer geworden.

Nur eines hatte ich glatt vergessen: Ich wollte ihn ja eigentlich abhängen und richtig alt aussehen lassen. Aber manchmal offenbart uns das Leben vielleicht doch das tiefere Erlebnis, wenn wir uns freundlich, zurückhaltend und in aller Offenheit begegnen. Außerdem fürcht' ich fast: Ich hätte meinen Windschattenmann sowieso nicht abhängen können.

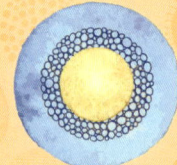

DAS MEER SEHEN

Bei aller Liebe, es gibt Situationen in einer Ehe, da kommt man ohne Strategie nicht aus. Urlaub gehört ganz klar dazu. Für meine Frau und mich gibt es einen gemeinsamen Nenner: Hotels, die sich nur durch die Disco im Keller von einer Legebatterie unterscheiden, sowie Animateure und mit Sonnenöl kontaminierte Strände sind uns ein Gräuel. Ansonsten gehen die Meinungen gelegentlich auseinander. Meine Liebste hat ein Paradies vor Augen und geht dafür gerne in die Luft. Ich muss erst einmal überredet werden. Warum soll ich einen der herrlichsten Flecken auf Gottes Erdboden verlassen, um dann in einer möglicherweise staubtrockenen Gegend auszuharren? Und wenn ich mich dann schon auf den Weg mache, dann am liebsten auf zwei oder vier Rädern. Ich will mich in keine Maschine setzen, die sich in einem Umfeld bewegt, wo eindeutig nur Vögel hingehören.

Ich habe für meine Argumentation einige Trümpfe auf der Hand: Heute tun ja viele so, als sei Fliegen die natürlichste Sache der Welt. Das ist natürlich ein Schmarren! Beim Tempo eines Flugzeugs sagt die Seele leise Servus. Die kommt nicht mit. Man braucht sich doch nur umzuschauen, wie sich deutsche Touristen im Ausland aufführen: Pöbeln, Kampf trinken, teppichgroße Schnitzel verschlingen und bei jeder Kleinigkeit mit dem

Rechtsanwalt drohen. Völlig daneben. Ganz klar: Die haben ihre Mitte verloren. Kann nur vom Fliegen herrühren. Das gab's doch früher auch nicht. Da blickte der stolze Papa noch mit Tränen in den Augen ins italienische Firmament, wenn der Goggo ohne Kolbenklemmer über den Brenner dengelte. Da war der Weg noch das Ziel, die Kirche im Dorf und Körper und Seele beisammen. Und selbst wenn man heil wieder auf Mutter Erde runterkommen sollte, hat das mit Urlaub noch rein gar nix zu tun. Man landet irgendwo im Nirgendwo und ist von der Gunst wildfremder Menschen abhängig. Gleichzeitig sind Papa und Mama beim Warten auf die Koffer gut beschäftigt, zu verhindern, dass eines der fröhlichen Kinder mit dem Gepäckband wieder im Bauch des Fliegers verschwindet. Und da habe ich noch kein Wort über streikende Lotsen, ruchlose Taxifahrer und Geiz-ist-geil-Airlines verloren, deren Piloten bei uns nicht einmal eine Zulassung als Liftboy bekommen würden. Ich will auch nichts von den rostigen Flugeimern erzählen, deren Piloten jede geglückte Landung mit einer Magnumflasche Schampus feiern.

Meine Liebste sagt lange nichts. Sie hört sich meine Bedenken an. Dann krieg ich einen Kuss. „Aber die Kinder wollen das Meer sehen", sagt sie, „und mit dem Auto ist das eine Tortur. Und jetzt schau ned so, sonst bekommst du Falten", sagt sie – und lächelt. Bei aller Liebe, es gibt Situationen in einer Ehe …

Hans ist schwer krank. Den Krebs hat er über-
standen, aber eine Gürtelrose quält ihn seit zwei
Jahren. Jedes Stück Stoff brennt wie Feuer auf der
Haut. Deshalb läuft der Rentner fast immer mit
nacktem Oberkörper durch die Wohnung. Er geht
nicht mehr unter die Leute und will auch niemanden mehr im Haus haben. Nur mehr die eigene Familie. Und dann diese Überraschung. Ein Besuch,
mit dem er nie und nimmer gerechnet hätte. Als
ihm seine Frau Bescheid sagt, dauert es keine Mi-
nute, dann steht Hans unten im Wohnzimmer.
Lachend begrüßt er die Gäste. Alle gemeinsam
nehmen im gemütlichen Wohnzimmer Platz, und
ein unglaublich fröhliches Gespräch beginnt.

Dieses Treffen ist ein Glücksfall, wie so vieles
an diesem Tag. Ich bin mit meinem Vater und zwei
seiner Brüder auf Spurensuche in der Nähe von
Augsburg. Die drei Männer – alle über 80 Jahre alt –
arbeiteten dort nach dem Krieg für einige Jahre als
Bauernknechte. Franz, der Vierte im Bunde, blieb
gleich dort. Es waren Jahre harter Arbeit. Es waren
gute Jahre.

Schwaben war damals ein besserer Ort als der
Bayerische Wald, das Armenhaus der Republik.
Das wirkte sich aus. Auf die Stimmung der Menschen, auf das, was auf den Tisch kam, auf die Seelen.

Wenn die Zeit nicht so gut gewesen wäre, wären sie wohl nicht noch einmal zurückgekehrt.

So aber gehen sie auf eine Zeitreise in ihre Jugend. Erste Liebschaften, ein Rausch beim Dorffest, schwere Unfälle bei der Arbeit. Fritz erzählt vom Glück, wenn der Bauer ihn mit seinem Motorrad fahren ließ, um die Hebamme zu verständigen, weil eine Geburt anstand.

Hans erinnert sich noch an den herrlichen Duft des Hefezopfs, der oft schon frühmorgens aus der Küche in die Schlafkammer drang. Ludwig hat noch genau die Szene im Kopf, wie er mit seinem Freund Edi – ein Nachbar der Brüder, der ebenfalls zum Arbeiten mitgekommen war – Hals über Kopf mit dem Radl aufbrach in die 250 Kilometer weit entfernte Heimat.

„,Ich hau ab, fährst mit?', hab ich den Edi g'fragt. Und der Edi war sofort dabei. Ich wusste immer, dass ich nicht auf ewig Knecht sein wollte."

Es wird ein Tag des Erzählens, des Eintauchens in kleine und große Erlebnisse, des „Weißt-du-noch", des gedanklichen Aufspürens von Freunden und Bekannten, die zum Teil schon lange tot sind oder im Heim leben. Lange sitzen die drei Männer, schwelgend in Erinnerungen, mit der Bäuerin am Kaffeetisch. Ihr Sohn führt sie durch den Hof, auf dem kaum mehr etwas so ist, wie es damals war. Ein betagter Nachbar kann es kaum fassen, als er erkennt, wen er vor sich hat.

Der Tag endet schweigsam. Die Männer haben sich auf ihrer Reise in die Erinnerung satt geredet. Wir rauschen mit 140 Sachen durch die Nacht. Zurück in die Heimat. Vom Grummeln des Dieselmotors und den vorbeiziehenden Lichtstreifen der Scheinwerfer getragen, wird der Kopf klar und die Gedanken und Erinnerungen des vergangenen Tages richten sich häuslich ein. Man braucht nichts zu tun, das besorgt die Straße. Es reicht ein Blick durch den Rückspiegel auf die Gesichter der Männer auf der Rückbank, um zu erkennen: Manchmal muss eine Reise nicht lang und teuer, manchmal muss das Ziel nicht fern sein, um tiefe Spuren in der Erinnerung zu hinterlassen. Nur aufbrechen, das muss man. Immer wieder, so lange man sich rühren kann.

Papa schreibt. 22 linierte Din-A-4-Blätter hat er bereits in einem Klarsichtordner abgeheftet.

Und dabei ist der 88-Jährige erst in seiner Jugendzeit angelangt. Meine Geschwister und ich haben lange auf ihn eingeredet, bis er bereit war, für uns, unsere Kinder und die nachfolgenden Generationen die Erinnerungen an sein bisheriges Leben aufzuschreiben. Er hat sich geziert. Zu wenig bedeutsam sei das, was er erlebt hat, argumentierte er. Außerdem sei das Schreiben für ihn, den Handwerker, der Maurer, Schreiner und Maschinenbauer gelernt hatte, schon immer eine Qual gewesen. Und vielleicht war da auch ein wenig die Angst vor den dunklen Schatten der Erinnerung.

Natürlich gibt es die für einen Mann, Jahrgang 1931, der schon auf der ersten Seite darüber Auskunft geben muss, dass die Mutter bei der Geburt des zweiten Kindes starb. Da war er zwei Jahre alt, die Mutter 25. Krieg, erbärmliche Not, Angst, Verzweiflung – wie so viele Frauen und Männer dieser Generation sah und fühlte er die kalte Pranke des Leids viel zu oft. Mein Vater schreibt auf, wie peinlich es ihm war, bei den Bauern um Brot zu betteln, wer etwas gab und wer ihn wegschickte. Er erinnert sich an die Angst, wie er als 13-Jähriger nachts auf eine Anhöhe geschickt wurde. Er sollte ein Zeichen geben, wenn die Amerikaner kommen. „Was sollte das für einen Sinn habe, es war doch längst niemand mehr da, der sie hätte aufhalten können", erzählt der 88-Jährige.

Er hat die Kälte noch in den Gliedern aus den Nächten, in denen er als Bauernknecht auf Dachböden über Ställen schlief. Einige der Geschichten habe ich schon gehört, doch manches kommt erst jetzt ans Tageslicht. Es bahnt sich durch das Schreiben einen Weg aus Kammern der Erinnerung, die über Jahrzehnte verschlossen waren. Auch das macht diese Art der Biographie-Arbeit so wertvoll.

Als Journalist durfte ich schon vielen Menschen aus der Generation meiner Eltern zuhören, die aus ihrem Leben erzählten. Manchmal dramatische Geschichten, fast immer interessante Geschichten. Was mich dabei beeindruckte: In so vielen Leben, die über Jahre oder Jahrzehnte vom Kampf ums Dasein und von leidvollen Erfahrungen geprägt waren, siegte am Ende nicht die Verbitterung, sondern die Hoffnung, der Glaube an das Gute im Menschen, die Erfahrung, dass selbst in schlimmster Not irgendwo doch wieder ein kleines Lichtlein aufscheint. Hört man solchen Menschen zu, spürt man eine außergewöhnliche Kraft, die völlig unabhängig davon ist, was einer gelernt oder studiert hat, was er für einen Beruf ausübt oder was er besitzt. Man spürt die Kraft der Persönlichkeit, der Charakterstärke. Gerade heute, wo das Jammern zum Kulturgut geworden ist, wo so viele in Bequemlichkeit erstarren und nichts mehr wagen, brauchen wir solche Vorbilder mehr denn je.

Auch in den Lebenserinnerungen meines Vaters steckt viel Leid, Not, Unverständnis darüber, was sich Menschen einander alles antun können. Doch es kommt, so hoffe ich, auch all das noch zur Sprache, was Menschen trotz widrigster Bedingungen aus ihrem Leben, aus ihren Talenten machen können. Und mit jeder Seite wird eine kleine Schatzkiste ein wenig schwerer. Den nachfolgenden Generationen bleibt es überlassen, sie zu heben und zu staunen.

Hurra, ich lebe!

Geschichten
vom täglichen Glück

Lange Autofahrten zu zweit sind oft ein Erlebnis. Während Bäume und Häuser, Flüsse und Wolken, Tag und Nacht draußen vorbei fließen, ist man im Inneren der Karosse abgeschieden von der Welt, aufeinander angewiesen und in gewisser Weise auch einander ausgeliefert. Zwei Menschen in einem engen Raum haben Zeit zum Reden, Zeit für Fragen, Zeit für Überraschungen.

„Hast du eigentlich noch Träume?" Es kann gut sein, dass mein Wagen einen kleinen Schlenker gemacht hat, als meine große Tochter mir diese Frage auf dem Weg nach Kitzbühel stellte. Wir haben ein sehr schönes, offenes Verhältnis, reden über fast alles miteinander und hatten auch auf dieser Fahrt schon viele Themen von „albern" bis „tiefgehend" gestreift. Doch diese Frage kam so unvermittelt, dass ich erst einmal stockte.

Habe ich noch Träume? Früher, als Kind oder Jugendlicher, wäre mein Redefluss vermutlich schwer zu bremsen gewesen. Jedes Alter hatte seine Träume: Vom kindlichen Indianer-Traum über den Traum vom Haus am See in Kanada mit dem dicken Motorrad davor bis zum immer mal wiederkehrenden Traum von der großen Schriftstellerkarriere. Und wenn ich meinen Kindern so zuhöre, hat sich das auch heute kaum geändert.

Wer jung ist, träumt. Vom millionen-teuren Sportwagen über die Bühnenkarriere bis zum großen Pferdehof ist bei uns alles vertreten. Und bei unserer Jüngsten verschwimmen die Grenzen zwischen Traum und Wirklichkeit ohnehin. Mit ihren fünf Jahren gelingt es ihr mühelos, eine halbe Stunde oder länger in eine andere Welt einzutauchen und dabei verschiedenste Rollen zu übernehmen.

Aber ich, habe ich noch Träume? „Wer morgens nur aufsteht, weil er pinkeln muss, der sollte an seinen Träumen und seiner Vision arbeiten!" Das sagt Klaus Kobjoll, der Gründer des Hotels Spindlerhof und bekannte Unternehmensberater. Das klingt ja ganz lustig, aber genau solche Aussagen sind es, die mir das Träumen in den vergangenen Jahren auch ein wenig verleidet haben. Die Erfolgsgurus der Neuzeit haben das Träumen in das Korsett des Machbarkeitswahns gezwängt („Erfolg ist machbar." „Wenn du wirklich willst, werden alle deine Träume wahr." „Lebe deinen Traum."). Bleibt da noch ein Blick für die Blumen am Wegesrand? Bleibt da noch Raum für Niederlagen, für Verlierer, fürs normale Leben?

Habe ich also noch Träume? Nach einem kurzen Zögern antwortete ich meiner „Großen": „Ja. Es ist ein Traum, euch beim Wachsen zuschauen zu können. Und dann träume ich schon auch noch immer von der großen Biketour durch Amerika." Bis letzterer Traum in Erfüllung geht, werden wohl noch ein paar Jahre vergehen. Und in dieser Zeit werden viele weitere spannende Fragen auftauchen. Unterwegs auf der kurvigen Straße des Lebens.

EINE ÜBUNG IN DEMUT

„Alle Wege bahnen sich vor mir, weil ich in Demut wandle." Sagt Goethe. Kann es sein, dass auch der Großmeister einmal irrt? Denn ich wandle in allergrößter Demut, doch da bahnt sich nichts. Kein Weg, keine Straße, nichts. Stattdessen reiht sich ein kapitaler Absturz an den nächsten. Ich trete daneben, knicke um, falle runter, strauchle – und mache bei alldem keine gute Figur.

Verzeihen Sie mir, aber ich muss für das, woran ich mich seit Monaten versuche, ausnahmsweise einen englischen Ausdruck verwenden, weil es schlicht keinen deutschen dafür gibt: Slacklinen. Eine Trendsportart, die – wie soll es anders sein – aus den Vereinigten Staaten zu uns herüber gekommen ist. Die Slackline ist ein rund fünf Zentimeter breiter, äußerst stabiler Gurt. Man könnte damit ohne weiteres Güterzüge abschleppen oder Elefanten fesseln. Man kann damit aber auch zwei gut gewachsene, robuste Bäume verbinden. Ist der Gurt schließlich mit einer Ratsche gespannt, gibt es kein Halten mehr: Man schwingt seinen Adonis-Körper aufs Seil, balanciert von einer Seite auf die andere, vollführt wilde Sprünge und Kunststücke und genießt die bewundernden Blicke der Zuschauer. In der Theorie. In der Praxis bin ich froh, dass hohe Sträucher die Sicht auf unseren Garten begrenzen. Reicht völlig aus, wenn Kinder und Haustiere im Gras liegen und sich lachend krümmen ob meiner tollpatschigen Versuche, länger als eine Sekunde der Schwerkraft zu trotzen.

Doch wie sagte schon meine Urgroßmutter: Geht ned, gibt's ned! Ich gebe nicht auf. Jeden Abend nehme ich mir ein paar Minuten Zeit für die Niedrigseil-Akrobatik. Raufsteigen, Arme ausbreiten, weit vorne einen Punkt fixieren, einen Schritt, zwei Schritte – Absturz. Ich probiere den Aufstieg mit dem linken Bein, mit dem rechten Bein, stütze mich mit einem Stock ab. Alles nur Übung, reine Kopfsache!, mache ich mir Mut. Nein, ich habe kein großes Talent dafür, aber ich mache weiter. Demut, so steht es in der Definition, ist die Tugend, die aus dem Bewusstsein unendlichen Zurückbleibens hinter der erstrebten Vollkommenheit hervorgehen kann. Der Demütige erkennt und akzeptiert, dass es etwas für ihn Unerreichbares, Höheres gibt. Einverstanden. Aber nicht auf diesem blöden, fünf Zentimeter breiten Gurt. Nix wird akzeptiert. Ich will da oben bleiben. Will über tausend Meter tiefe Canyons tanzen und allen, die es nicht glauben, die Zunge rausstrecken. Und Sie werden es nicht glauben: Es geht voran. Nach mehrwöchigem, zähem Training schaffe ich es gelegentlich, die rund sechs Meter zwischen den beiden Bäumen, wo wir das Band auf rund 30 Zentimeter Höhe gespannt haben, ohne Absturz zu überqueren. Und wenn ich dann am anderen Ende angelangt bin, umarme ich Schwester Birke und halte mich ganz stark fest, ehe ich wieder umkehre und einen neuen Versuch wage.

Was habe ich neulich gelesen: In der heutigen christlichen Spiritualität wird Demut nicht als ein sich klein Machen gesehen, sondern als realistische Selbsteinschätzung des Menschen in seiner Position in der Welt: seiner eigenen Geringfügigkeit im Vergleich mit der Größe Gottes, aber zugleich seine Würde und seinen Wert als Geschöpf und Kind Gottes. Und so tänzle ich weiter auf dem dünnen Band, breite die Arme aus, fixiere einen Punkt weit vorne und fühle mich bei jedem Schritt dem Himmel um 30 Zentimeter näher.

KOSTBARE MOMENTE

Er fluchte oft, mein Freund Anselm. Vor allem dann, wenn sein ramponierter Körper ihn im Stich ließ. Wenn sein wacher Geist dem halbgelähmten Mund mühsam einen Satz abgerungen hatte und die Muskeln ausgerechnet beim entscheidenden Wort nicht mitspielten. Wenn die Silben sich verkrochen, sich sträubten, nicht zum Vorschein kommen wollten. Dann verzweifelte er schier und machte seinem Ärger mit einem kräftigen Schimpfwort Luft.

„Je schöner und voller die Erinnerung, desto schwerer ist die Trennung", schrieb Dietrich Bonhoeffer 1943 aus dem Berliner Nazi-Gefängnis. „Aber die Dankbarkeit verwandelt die Qual der Erinnerung in eine stille Freude. Man trägt das vergangene Schöne nicht wie einen Stachel, sondern wie ein kostbares Geschenk in sich."

Anselm starb mit 86 Jahren. Die Erinnerung bleibt. Fast meint man, man müsste nur durch die niedrige Haustür treten und würde schon sein ansteckendes Lachen hören. Man müsste nur den Kopf einziehen und über die steile Treppe mit den abgewetzten Brettern nach oben steigen in sein Refugium der Erinnerung und würde ihn dort sitzend – so wie immer – vorfinden. In der kleinen Welt seiner letzten Jahre. Mit den Büchern, dem

Eierlikör, der Espressomaschine, dem Fernseher, der schwarzen Katze, den Zigarillos.

Anselm war berauscht vom Leben. Künstler war er, Lebensabenteurer, Büchersammler und warmherziger Freigeist. Ein kleiner Mann mit einer wilden Mähne. Auch mit 80, von mehreren Schlaganfällen gezeichnet, gab er alles, damit der Wind mit seinen langen grauen Haaren spielen konnte. Und sei es bei einer wilden Fahrt mit dem Elektrorollstuhl, die gelegentlich auch im Straßengraben oder an einem Baum endete.

Auch im Haus war er keineswegs sicher. Mehr als einmal fand man ihn morgens übersät von blauen Flecken, weil er gestürzt war oder unter einem seiner selbst gezimmerten Regale begraben worden war. Wenn ihn dann die gute Seele, die sich um ihn kümmerte, ins Bett hievte, kam meist schon wieder ein Lächeln über seine Lippen. Und ein Wort – und wenn er es nur mehr hauchen konnte: Danke!

Man musste in den letzten Jahren seines Lebens geduldig sein mit ihm. Seine Lippen brauchten Zeit, um aus seinen Gedanken Silben zu formen. Und manchmal fuhr ich an der Auffahrt zu seinem Häuschen vorbei, ohne den Blinker zu setzen – mit einem verschämten Blick auf die Uhr. Doch wie viele Wochen seit meinem letzten Besuch auch vergangen waren: Anselm empfing mich mit einem Lächeln. Dann saß ich bei ihm und erzählte.

Er hielt meine Hand. Und bevor ich wieder ging, rauchten wir ein Zigarillo.

Letzten Endes fasst sich „die Welt doch zusammen in ein paar Menschen, die man sehen und mit denen man zusammen sein möchte", schrieb Dietrich Bonhoeffer aus der Gefangenschaft. Es sind unsagbar kostbare Momente, die wir mit diesen Menschen verbringen dürfen. Keine Uhr kann sie bemessen.

Meine Schwägerin hatte die Idee, die Kinder waren von Anfang an hellauf begeistert, und ich habe einfach ja gesagt. Ganz ohne nachzudenken. Weil gerade so spontane Entscheidungen ja dem Leben immer wieder neuen Schwung verleihen.

Und so stehe ich am Tag darauf vor jener Leiter, deren fragile Sprossen schnurstracks in den Himmel zu führen scheinen. Dort oben, unterm grünen Dach der Bäume, führen Seile in zig Formationen von Baum zu Baum. Über manche soll man balancieren, andere sind zu Schlingen geformt, über die man sich zur nächsten Station hanteln kann, wieder andere sind mit Ästen zu einem Steg verknotet. Das Ganze nennt sich Hochseilgarten. Eine moderne Freizeiteinrichtung, die Kinder reifer, Memmen stärker und vergrätzte Arbeitskollegen durch das gemeinsame Erlebnis friedfertiger machen soll.

„Ich mach' dann mal die Nachhut", presse ich gerade noch so heraus. Dann stürmen die Kinder aufgeregt die Leiter hoch und ich bleibe unten zurück. Allein mit meiner Höhenangst, den schwitzenden Händen, der Panik und bangen Fragen an mich selbst: Was machst du hier? War es nicht ein wesentlicher Schritt in der Evolution, dass unsere Vorfahren die Bäume verließen? Ist es nicht seit jeher ein Naturgesetz, dass dort, wo viele rauf-

steigen, auch einige wieder runterfallen? Von Motorradrennfahrern kenne ich die Devise: Siegen, stürzen oder Defekt vortäuschen! Doch die nützt mir hier wenig. Wenn ich mir mit gequältem Ausdruck ans Herz lange, fassen sich die Kinder an den Kopf und ich bin für immer und ewig unten durch. Und dann ist da ja auch noch meine Schwägerin, die beherzt voran steigt. Bemerkt sie mein Zögern, darf ich künftig bei großfamiliären Kaffeerunden am Kindertisch Platz nehmen.

Und so meistere ich die erste Sprosse und die zweite und die nächste ... Es kann eigentlich nichts passieren, weil alle Kletterer mit Seilen und Haken doppelt gesichert sind. Ich erklimme die erste Plattform und hole sehr tief Luft. Oft. Dann gebe ich mir gleichzeitig einen Tritt in den Hintern, schlage mir mit den Fäusten auf die Brust und brülle wie ein Löwe.

Heimlich still und leise natürlich. Von außen sähe es vermutlich immer noch so aus, als hätten Außerirdische ein bleiches, schlotterndes, hyperventilierendes Wesen auf einem Baum ausgesetzt. Sieht aber keiner, dort droben im Geäst. Vor allem nicht die Kinder, die schon die Hälfte des Parcours hinter sich haben. Und deshalb nimmt dieses Wesen allen Mut zusammen, schaut nach unten, dann nach vorn, setzt einen Fuß aufs Seil und geht los.

Ich taste mich von Baum zu Baum, von Schwierigkeitsgrad zu Schwierigkeitsgrad. In den wunderbaren Augenblicken komme ich mir vor wie Tarzan in seinen besten Johnny-Weissmüller-Tagen, gelegentlich wie eine Mischung aus Willi, der tollpatschige Freund von Biene Maja, und Mr. Bean. Doch ich komme durch und sause am Ende auf einem schräg gespannten Seil, im Sicherungsgeschirr hängend, in die Tiefe, um schließlich sanft auf Mutter Erde zu landen, wo mich die Kinder mit einem fast schon feinsinnig dezenten „Auch schon da?" empfangen.

Strahlende Gesichter bei der Brotzeit danach: Wir haben das Leben gespürt, dort droben in den Wipfeln, gemeinsam und jeder für sich. Und der unglaubliche Muskelkater am nächsten Tag? Kommt vermutlich vom Zittern, mit dem wohl jedes richtige Abenteuer beginnt.

Es ist wieder da: Gluckernd, plätschernd, sprotzend, glasklar, eiskalt und – glücklich machend!

Unser Wasser. In einem daumendicken Strahl sprudelt es aus dem Edelstahlrohr in den Granittrog vor unserem Haus. Seitdem der Schnee schmilzt, läuft es im Überfluss. Was der Brunnen nicht mehr fassen kann, rinnt in den Trog und von dort aus weiter zum Bach. 24 Stunden lang. Jeden Tag in der Woche.

Das war viele Monate anders. Im Jahrhundertsommer 2018 war schon im Juni das Plätschern im Garten verstummt. Der Grundwasserspiegel war so weit abgesackt, dass es keinen Überlauf mehr gab. Ab Ende August kontrollierten mein Bruder und ich deshalb täglich den Wasserstand im Brunnen – und die Badewanne war fortan gestrichen.

Drei Haushalte sind auf diese Quelle angewiesen. Weitab von der nächsten Ortschaft gibt es bei uns keinen öffentlichen Anschluss. Auch für unsere Abwasserentsorgung sind wir selbst verantwortlich. Bau, Wartung und Kontrolle der nötigen Anlagen kosten Zeit, Geld und manchmal Nerven. Aber zumindest gefühlt ist damit auch ein Stück Unabhängigkeit verbunden, ganz nach dem Motto „Autark macht stark". Jetzt fehlt nur noch die eigene Stromversorgung zur völligen Abnabelung von den großen Strängen der kommunalen Infrastruktur.

So müssen sich die Siedler im Wilden Westen gefühlt haben, denk ich mir an guten Tagen: Wir sind frei! Wir brauchen niemanden! – Bis mal wieder ein richtig heißer Sommer kommt.

In solch schwierigen Zeiten wird einem dann erst wieder bewusst, wie kostbar dieses Element ist. Es ist nicht selbstverständlich, dass man den Hahn aufdreht und das Wasser läuft. Je dünner im vergangenen Sommer der Zulauf wurde, desto genauer haben wir hingeschaut, gezählt, gemessen: Wie viele Waschmaschinenladungen sind nötig, damit eine Großfamilie über die Runden kommt? Wieviel Wasser brauchen die Tiere? Wie oft müssen wir täglich die Gießkanne auffüllen, damit das Gemüse in den Beeten nicht verdörrt.

Ich denke, was uns die Wassernot im vergangenen Jahr gewahr werden ließ, gilt ganz ähnlich auch für den Glauben. Im Vergleich zu früheren Zeiten lebt der Großteil von uns heute viel sicherer und angenehmer. Wir haben materiell alles, was wir zum Leben brauchen und die meisten noch mehr als das. Nach Jahrzehnten der Stabilität haben wir uns daran gewöhnt, dass es das Leben ganz gut mit uns meint. Wozu brauchen wir da noch Gott? Warum sollen wir Zeit aufwenden für religiöse Riten, für Gebete, für Gottesdienste? Warum sollen wir uns um den Nächsten annehmen? Das kann doch der Staat viel besser.

Für mich selber habe ich eine Antwort gefunden: Weil mit dem Glauben mehr Tiefe, mehr Sinn, mehr Hoffnung in mein Leben kommt. Ich kann nicht tiefer fallen als in Gottes Hand – das verleiht eine unbändige Freiheit. Ich baue darauf, dass ich damit auch besser gerüstet bin, wenn es das Leben einmal nicht so gut mit mir meint.

Der Glaube ist ein kostbarer Lebensquell. Aber auch er braucht ein wenig Pflege, damit er nährt und trägt.

Sehnsucht ist ein mächtiger Antrieb. In den Aufbaujahren nach dem Zweiten Weltkrieg waren die Menschen voll davon. Endlich Not, Elend und Niedergeschlagenheit zurücklassen. Satt werden, Trümmer zu Hausmauern aufschichten, Kindern ein neues, besseres Leben schenken.

Viele stürzten sich in die Arbeit – und in der Rastlosigkeit wuchsen die Träume weiter in den Himmel. Nicht eingelöste Schuldscheine der Seele. Meinen Eltern erging es da wie vielen anderen Ehepaaren: schlecht bezahlte Erwerbsarbeit, eine kleine Landwirtschaft, Kredite fast ohne Tilgung, Hausbau über viele Jahre, ein Haushalt mit vier Kindern, einem Großelternpaar, der Urgroßmutter.

In unserem Garten entstanden in dieser Zeit kleine Oasen: Zwei Bäume, ein Tisch, eine Sitzgelegenheit. Eigentlich wie geschaffen, um sich zurückzulehnen und das Erreichte zu genießen. Wenn es besonders gut werden sollte, verlegte mein Vater am Abend oder am Wochenende noch Pflastersteine drunter. Gemütliche Ruhepole zum Ratschen, Brotzeit machen, in den Himmel schauen. Wir Kinder spielten dort mit unseren Freunden, die Feriengäste nutzten sie als Grillplatz, und Nachbarn ruhten sich bei einer Halben Bier aus, wenn sie in der Nähe auf einem Feld arbeiteten. Letzteres war eine der ganz wenigen Gelegenhei-

ten, wo sich vielleicht auch mal meine Eltern dazu setzten. Viel zu selten. Es war ja immer viel zu viel zu tun. Ja, Sehnsucht ist ein mächtiger Antrieb.

All das geht mir durch den Kopf, während ich durch den hohen Schnee um den uralten Apfelbaum stapfe. Von der Last des vielen Schnees entwurzelt, liegt er da wie ein toter Riese. Nur wenige Meter entfernt steht eine morsche Bank. Die Oase mit der schönsten Aussicht. Nichts hält an diesem Flecken Erde den Blick ins Tal, wo im Sommer die Pferde grasen, weiter auf die bewaldeten Hügel im Südosten bis zum Gipfel des Friedrichsbergs. Als kleiner Indianer konnte ich ohne allzu schlechtes Gewissen behaupten, ich hätte die Rufe meiner Mutter nicht gehört, weil diese heiligen Jagdgründe weit genug von der elterlichen Ordnungsmacht entfernt waren. Als ich größer wurde, verträumte ich manche Stunde unterm Apfelbaum, dessen Stamm sich trotzig-schief in Richtung Osten stemmte. Über 100 Jahre verkündete der „krumme Hund" weiß blühend den Frühling, spendete Schatten, diente Kühen und Pferden als Kratzbaum und lieferte im Lauf seines Lebens viele Zentner Äpfel.

In Gedanken sehe ich sie vor mir: die kleine, weise Urgroßmutter, den drahtigen Opa, den Nachbarn mit dem Herzfehler, der keuchend über den Hohlweg zu unserem Haus herauf stapft, meine Mutter mit der Sense in der Hand. Der schiefe Baum trug nicht die süßesten Äpfel, aber er war wie geschaffen, um sich anzulehnen. Um auf sein Tagwerk zu schauen, um die Gedanken schweifen zu lassen. Um die Sonne, den Wind, die Weite zu spüren. Um ganz ruhig, ganz leicht und gelassen zu werden. Vielleicht besteht das eigentliche Gerüst unseres Daseins ja aus Augenblicken wie diesen. Flüchtig und unendlich kostbar. So sparsam gesät, dass die Sehnsucht lange davon zehren kann.

HÖHENRAUSCH

Sir Edmund Hillary und der nepalesische Sherpa Tenzing Norgay waren die ersten Menschen, die auf dem Gipfel des Mount Everest standen. Als man den Neuseeländer einmal fragte, warum er immer wieder auf hohe Berge steigt, antwortete er lapidar: „Weil sie da sind." Aber reicht das schon als Antwort? Eine gute Bekannte brachte mich unlängst ins Grübeln. Sümpfe seien auch einfach da, entgegnete sie, aber nur ganz wenige kämen auf die Idee, sie freiwillig zu betreten. Da muss noch etwas anderes da sein; ein kleines Geheimnis, das nur Gipfelstürmer kennen.

Ich bin weder schwindelfrei noch mit der Begabung und dem Können gesegnet, auf steilen Felsen festen Halt zu finden. Die einzige Art, mich dort fortzubewegen, wäre der Absturz. Aber ich liebe die Gipfel, die man erwandern oder erradeln kann. Die schönsten Touren, die am längsten in Erinnerung bleiben, sind immer auch eine Herausforderung. Der Schweiß fließt in Strömen, die Muskeln brennen, die Beine werden schwer und müde. Aber irgendwann steht man dann oben – und es ist der pure Genuss. In aller Stille gleitet der Blick über den Horizont, haltlos, ziellos, grenzenlos. Und in dem Moment fällt jeglicher Ballast ab, und die Seele tanzt, leicht wie eine Feder im Wind. Natürlich geht das nur, weil die Last schon beim Aufstieg mit jedem Schritt ein wenig kleiner geworden ist. Leiden und Euphorie, Qual und Freude sind auf dem Berg keine Gegensätze. Der Philosoph Friedrich Nietzsche hat das so formuliert: „Ohne den guten Willen zum Schmerze würden wir allzu viele Freuden fahren lassen müssen."

Nicht immer muss es der stundenlange Aufstieg sein. Manchmal reicht die abendliche Wanderung auf den mittelgebirgigen Hügel vor der Haustür. Der kleine Ausreißer zwischendurch. Der Frustabbauaufstieg. Einfach für ein, zwei Stunden alles hinter sich lassen. Frischluft atmen, das Herz auf Touren bringen, drüber stehen. Stiller werden, freier. Auch dafür hat Nietzsche die treffenden Worte gefunden: „In der Natur fühlen wir uns so wohl, weil sie kein Urteil über uns hat."

Ist es da ein Wunder, dass es derzeit jedes Wochenende Tausende auf den Dreisessel und viele andere tief verschneite Gipfel im Bayerischen Wald und in den Alpen zieht? Sie alle wollen das Wintermärchen – die im dicken Schneemantel erstarrten Felsen, Bäume und Gipfelkreuze – mit eigenen Augen sehen. Eine andere Welt. Ganz ohne menschliches Zutun. Märchenhaft.

Und nach der schweißtreibenden Tour lockt dann ja noch die Einkehr im Wirtshaus: ein wahrhaft himmlisches Vergnügen.

Der berühmte Reisejournalist Nicolas Bouvier schrieb einmal, das eigentliche Gerüst des Daseins bestehe weder aus der Familie noch der Karriere noch aus dem, was andere Leute von einem denken oder sagen werden, sondern allein aus einigen wenigen „Augenblicken, in denen man durchwallt wird von einem Gefühl, das noch gelassener ist als die Liebe". Das Leben teile sie so sparsam zu, wie es der Schwäche unseres Herzens angemessen sei, so der Autor aus der Schweiz. Das seien dann Momente im Leben, für die das Wort „Glück" noch ziemlich dürftig erscheine.

Wann, wenn nicht jetzt, könnte man erahnen, erspüren, erleben, was Bouvier meint. Die Sonne kommt mit jedem Tag wieder mehr zu Kräften. Der Schnee schmilzt in Sturzbächen, die gluckernd in der Erde versickern. Die Vögel stimmen noch ein wenig kleinlaut ihr Lied vom nahenden Frühling an. Selbst bei uns im Bayerischen Wald lugt an den Südhängen neugierig das erste Grün hervor. Alles, was lebt, lechzt danach, im Licht der Sonne den Winter abzustreifen.

Unsere Hühner machen da keine Ausnahme. Wir lassen sie zum ersten Mal aus ihrem Winterquartier. Was für eine Freude! Erst tasten sie sich unsicher Schritt für Schritt nach draußen, doch kaum sind sie aus dem Schatten ihrer Behausung getreten, gibt es kein Halten mehr. Sie kratzen, sie picken, sie wühlen vergnügt im Misthaufen nach Käfern und Würmern, und wälzen sich im sandigen Erdreich am Waldrand. Und mittendrin unser französischer Maran-Gockel, ein Jahr alt und ein wahrer Prachtkerl. Stolz, schön und angriffslustig. Auserkoren, seinen Teil dazu beizutragen, dass wir im Sommer viele kleine Maran-Küken bekommen, die dann wiederum noch viel mehr schokobraune Maran-Eier legen.

Dass er dazu in der Lage sein wird, daran lässt er an diesem schönen Tag keinen Zweifel. Offensichtlich von Frühlingsgefühlen überwältigt, rennt er hinter seinen Damen her, die ein oder andere erobert er kurz und innig, dann stolziert er wieder davon. Wer ihn beobachtet, käme nie auf die Idee, er wäre dieses Lebens überdrüssig. Umso mehr wundere ich mich, als er plötzlich auf der Erde liegt, sich einmal um die eigene Achse dreht und in einer Art und Weise liegen bleibt, die für dieses majestätische Tier keineswegs angebracht scheint: flach, verdreht und – wie sich herausstellte, als ich seinen Kopf hochhebe und ihm in die Augen blicke – mucksmäuschentot! Das Herz des jungen Kriegers hat aufgehört zu schlagen. Er stirbt am ersten warmen Tag des Jahres. Man kann den Frühling spüren. Die Sonne sendet ihr gleißendes Licht aus einem tiefblauen Himmel. Und die Hühner marschieren abends in ihr Winterquartier, als

wäre nichts gewesen. Aber schließlich wissen wir ja seit Seneca: „Wie ein Theaterstück, so ist das Leben: Nicht wie lange, sondern wie gut es gespielt wurde, darauf kommt es an."

Immer war ich es, der frühmorgens zwischen Kühlschrank und Esstisch hin und her wankte und mit automatisiertem Gleichmut das familiäre Frühstück bereitete. Unwillig, vom vergangenen Schlaf umgarnt und stets gefährdet, die Orientierung zu verlieren und ins offene Brotmesser zu laufen. Mehr als einmal ertappten mich Frau und Kinder versunken im Kühlschrank, im Zwiegespräch mit der Erdbeermarmelade.

Doch dann kam jener regendumpfe, herzgefrierende Oktobermorgen. Der grauschleierige Beginn eines Tages, an dem unser Gockel sich eher an der Hühnerstange erhängt hätte als einen einzigen Laut von sich zu geben. Da hatte meine Liebste eine ungewöhnliche Idee: Wir sollten alles einmal anders machen. Weil man ja nur einmal lebt und Routine zu Erstarrung führt und so weiter. Sie schlug also an jenem Morgen vor, dass sie das Frühstück bereiten würde. Ich sollte stattdessen ihren Teil übernehmen und mit dem Hund die Morgenrunde drehen. Sagen musste sie dazu nichts. Es reichte aus, mich in Richtung Haustür auszurichten, mir die Hundeleine in die Hand zu drücken und mich mit einem kleinen Stoß in Bewegung zu setzen.

Ich habe keine Ahnung, wie lange es letztlich gedauert hat, bis ich auf einer Wiese im Niemandsland zum Stehen kam und mir meiner Lage bewusst wurde: Das war kein Traum, das war echt. Echtes, eisiges Wasser, das mir von der Mütze übers Gesicht rann und vom umgehängten Anorak in die Gummistiefel tropfte. In diesem Augenblick hätte mir klar werden müssen, dass ich eben gewaltig über den Tisch gezogen worden war. Dass der Hund nicht umsonst seit hunderten von Metern seine vier Pfoten wie Pflugscharen ins Gras rammte. Dass ich schlafwandelnd in den grippalen Alptraum trippelte.

So standen wir da im Grau dieses Morgens. Nur der Dackel und ich. Zwei verlorene Zellhaufen im triefenden Universum. Durch einen nassen Vorhang abgeschottet vom Rest der Welt. Keine rote Ampel, kein Einkaufszettel, kein Handy, keine Parklücke, die einem im letzten Moment einer wegnimmt, kein Ahnungsloser, der gescheit daher redet, keine Eurobonds und keine griechische Depression. Nichts voll alldem. Während die Sinne langsam erwachen und der Verstand noch viel zu faul ist, um sich einzumischen. Was für ein Augenblick!

Seitdem stehe ich jeden Morgen früh auf, kralle mir im Halbschlaf Mütze und Hund, stolpere zur Haustür hinaus, hinein in den ahnungslosen Morgen. Tanzende Sterne kreuzen meinen Weg. Im Sommer lachen mich die Vögel lautstark aus, jetzt im Herbst rollen sich die Igel schimpfend ein, im Frühling höre ich die Blumen wachsen, im Winter schmelzen in fassungsloser Stille die Schneeflocken im Gesicht. Ich bin unterwegs. Eine federleichte Flucht aus der Effektivität des Alltags, ein paar gedankenlose Minuten voller Schönheit, Kraft und Ruhe. Während in weit entfernten Häusern erste Lichter angehen und die Vorhänge zurück gezogen werden für einen neuen Tag.

Zum Autor:
Schon in seiner Jugend entdeckt **Wolfgang Krinninger** seine Leidenschaft fürs Schreiben, macht diese schließlich zum Beruf. Erst als Redaktionsleiter bei der Passauer Neuen Presse und seit über zehn Jahren als Chefredakteur beim Passauer Bistumsblatt. Sein Nest hat er im Bayerischen Wald gefunden. Als Mann, Vater, Ehemann, Hofbesitzer und leidenschaftlicher Biker schreibt er abends an seinem kleinen Schreibtisch vorm Kaminfeuer regelmäßig Kolumnen. Kurze Geschichten, Anekdoten, Momentaufnahmen über Haus und Hof, Vaterfreuden oder aus der Schatzkiste des Lebens. Geschichten aus dem Alltag, so warmherzig und liebevoll geschrieben, dass sie beim Lesen den Blick verändern und ein Lächeln schenken. Allen Anforderungen zum Trotz.

Bildnachweis:
Fotografien: Catalenca / photocase (S. 18), plainpicture/Emma Grann (S. 25), ndanko / photocase (S. 37), plainpicture/Matton/Anders Tukler (S. 45), Iana Lisina / shutterstock (S. 49), Ulrike Adam / photocase (S. 52), enviromantic / iStock (S. 60), Damocean / iStock (S. 67), levkr / iStock (S. 82), BrankoPhoto / iStock (S. 99).
Grafiken: SchottiU / shutterstock, pworld / iStock, Anastasia Lembrik / shutterstock, Nikiparonak / shutterstock, Vertyr / shutterstock, Dreamzdesigners / shutterstock.

ISBN 978-3-86917-799-1
© 2020 Verlag am Eschbach
Verlagsgruppe Patmos in der Schwabenverlag AG, Ostfildern
Im Alten Rathaus/Hauptstraße 37
D-79427 Eschbach/Markgräflerland
Alle Rechte vorbehalten.

www.verlag-am-eschbach.de

Gesamtgestaltung: Angelika Kraut, Verlag am Eschbach
Kalligrafie: Ulli Wunsch, Wehr
Herstellung: Grafisches Centrum Cuno GmbH & Co. KG, Calbe
Hergestellt in Deutschland

 Dieser Baum steht für umweltschonende Ressourcenverwendung, individuelle Handarbeit und sorgfältige Herstellung.